Techniques d'animation pour débutants

Techniques d'animation pour débutants

Mary Murphy

EYROLLES

Titre original en langue anglaise :
Beginner's Guide To Animation

61, boulevard Saint-Germain
75240 Paris cedex 05

Traduction française et adaptation : Jérôme Wicky
Relecture : Ghislaine Brindejonc
Photographies : Phil Wilkins, Chris Rydelski
Illustrations : Glyn Walton
Iconographie : Sarah Bell
Graphisme : Louise Clements, Tania Field,
Saffron Stocker

ISBN : 978-2-212-12411-8

Table des matières

À propos de ce livre

Tout ce qu'il faut savoir pour faire de l'animation est dans ce livre.

Le terme « animation » englobe des activités très variées, de la mise en scène de figurines en pâte à modeler à la manipulation de pictogrammes sur ordinateur. Tous ces avatars de l'animation suivent un principe commun : la création d'une illusion du mouvement. Ce principe comprend deux étapes : d'abord, on bouge, modifie ou remplace un objet ou une image, ensuite on capture la scène. Ce travail répété 25 fois permet d'obtenir une seconde d'animation (selon le format vidéo que l'on utilise, le nombre d'images par seconde peut être de 25 ou 30).
De prime abord fastidieuse, l'animation révèle une grande richesse car tout est possible : des poissons qui se changent en oiseaux aux tasses de thé qui parlent et dansent. Vous créez un monde dont vous êtes le seul maître, où les habitants obéissent à vos moindres caprices.

Section 1 : Votre espace de travail (pages 8 à 25)

La première section est consacrée aux outils accessibles et aux moyens techniques nécessaires pour monter un studio d'animation avec un budget raisonnable.

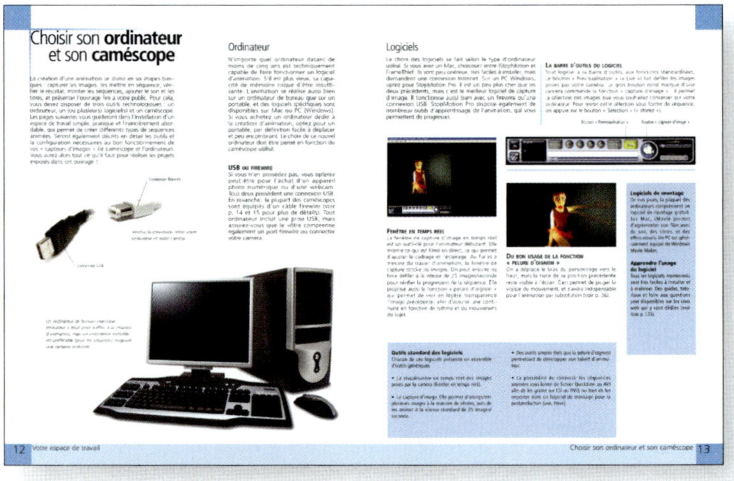
Choisir son ordinateur et son caméscope

Ordinateur

Logiciels

12 Votre espace de travail

Choisir son ordinateur et son caméscope 13

La structure des chapitres est toujours la même, comme le montrent les exemples ci-dessous.

Introduction aux techniques
Les premières pages de chaque chapitre présentent une liste des outils nécessaires et évoquent les bases de la technique.

Comment animer
Après avoir créé le personnage du film, on apprend comment le faire bouger.

Animation de pâte à modeler

Créer un personnage basique

34 Passer à la pratique

Animation de pâte à modeler 35

Chaque étape de la fabrication est détaillée.

Des photos montrent comment manipuler les objets à animer.

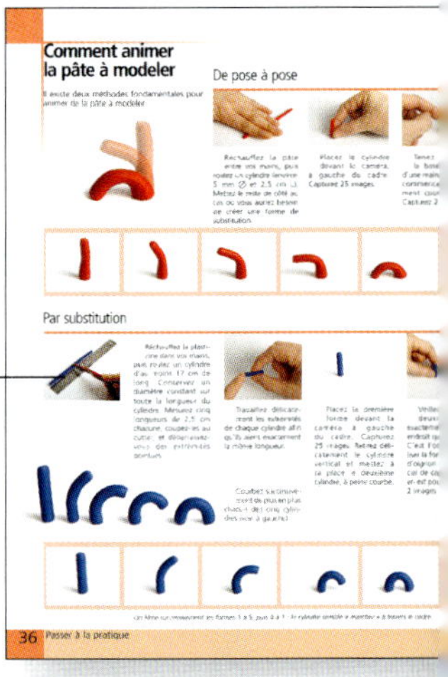
Comment animer la pâte à modeler

De pose à pose

Par substitution

36 Passer à la pratique

Section 2 : Passer à la pratique (pages 26 à 115)

Cette section comporte huit chapitres. Les six premiers abordent les procédés d'animation classiques, du dessin au façonnage de personnages en volume. Ils détaillent, à l'aide d'une mise en page claire et aérée, les étapes de la fabrication et du tournage des séquences.
Les deux derniers chapitres sont consacrés à la présentation de votre travail à un public : sous forme d'une bande démo ou d'un véritable court-métrage.

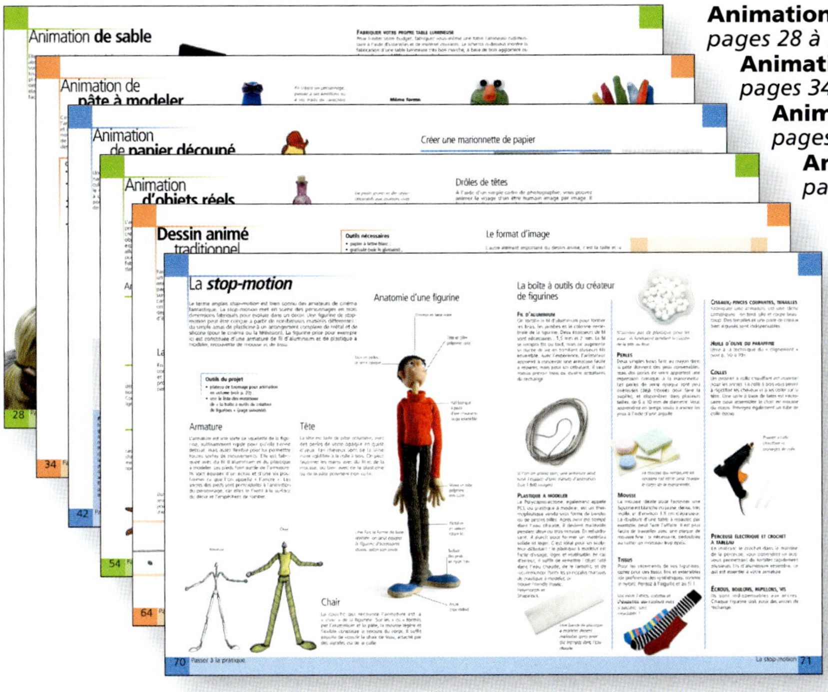

PLANS ET MODÈLES

Voir pages 116 à 122.

À l'écran

Chaque chapitre se termine par la décomposition image par image d'une courte séquence d'animation.

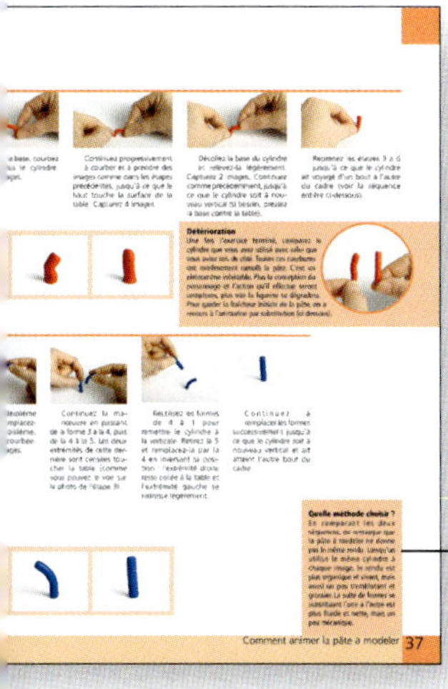

La rubrique « À savoir » présente une multitude d'astuces.

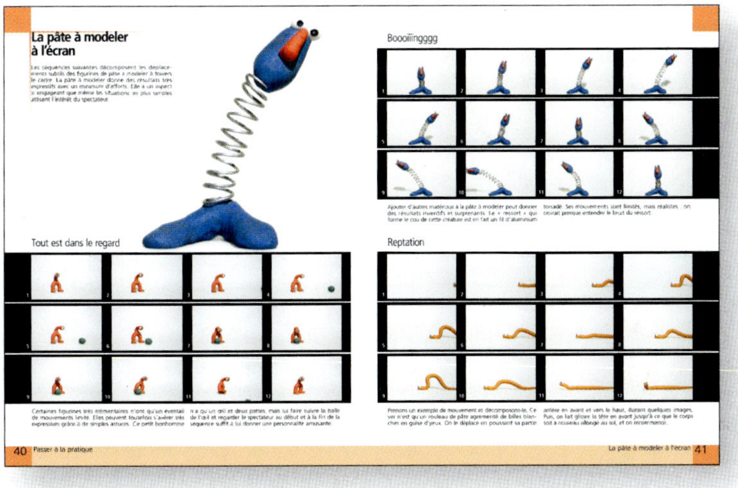

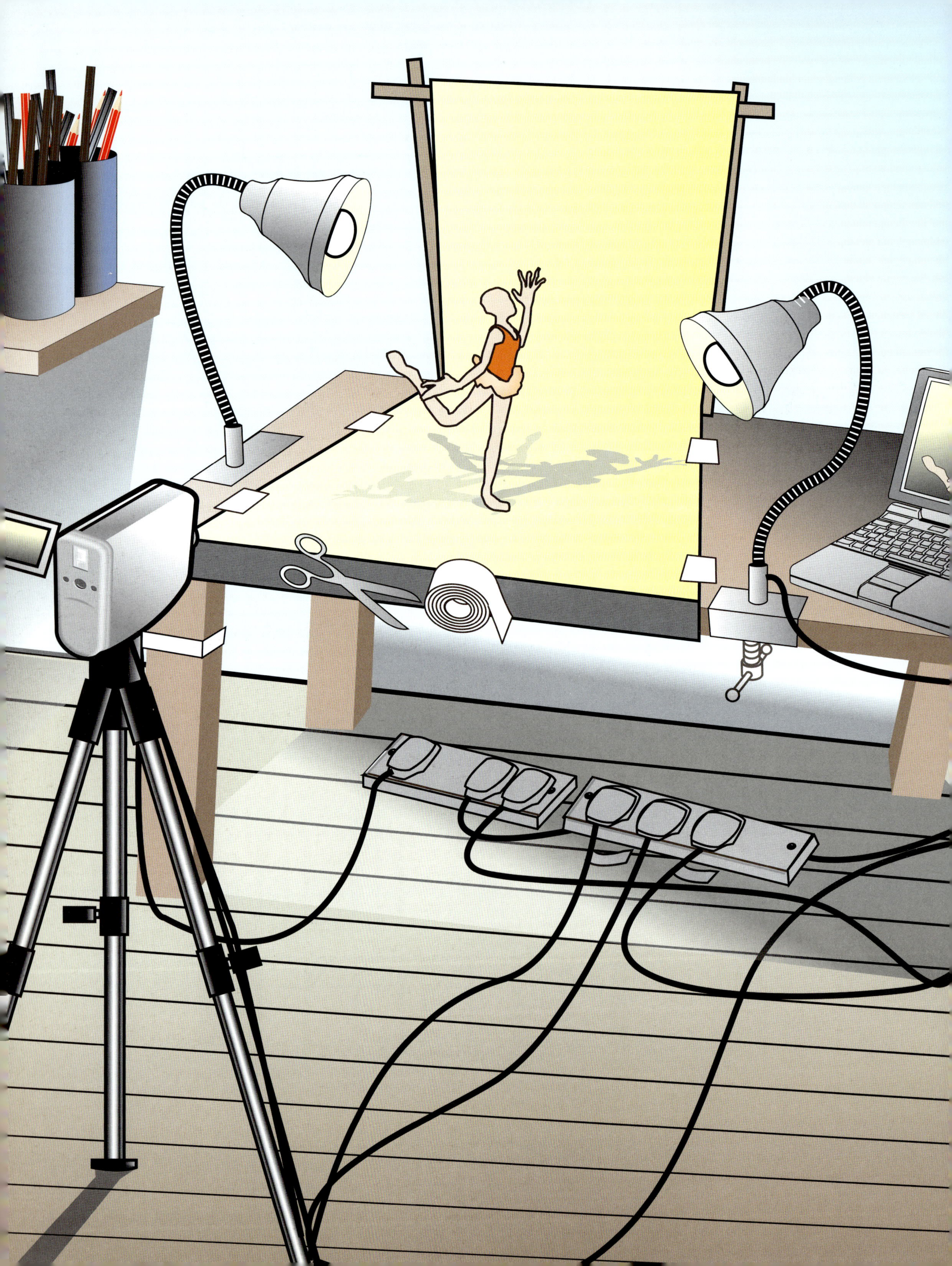

1 Votre espace de travail

Organiser un mini-studio d'animation chez vous est tout à fait possible, à l'aide des outils et du matériel évoqués dans ce chapitre.

Pour
commencer

Que signifie exactement « l'animation » ? Prenons par exemple un caméscope, et filmons un objet en mouvement. L'appareil enregistre la scène et permet de la revoir autant de fois que l'on veut. L'animation fonctionne selon le même principe, avec une seule différence : l'animateur crée le mouvement entre chaque image, plutôt que capturer un mouvement déjà existant. Il déplace graduellement un objet, enregistre ce déplacement image par image, puis fait défiler le résultat à la vitesse de 25 images/seconde. Les deux exercices suivants sont une initiation au principe de l'animation.

Fabriquer un thaumatrope

Même sans caméra, on peut très facilement créer une animation, et ainsi développer son savoir-faire. Inventé dès les années 1820, le thaumatrope est un outil d'animation basique qui repose sur le principe de la persistance rétinienne.

1 Découpez une rondelle dans du papier épais. Faites deux trous près du bord, sur deux côtés opposés. Au verso de cette rondelle, faites un dessin simple, par exemple un poisson rouge, comme ci-dessus.

2 Au recto, dessinez une seconde image en rapport avec la première (ici, un bocal), mais en inversant le haut et le bas par rapport au poisson rouge du verso.

Parfois, les sujets animés les plus simples, comme les formes de pâte à modeler ci-dessus, sont les plus efficaces.

Créer un folioscope

Le folioscope (également appelé feuilletoscope ou *flip-book* en anglais) est une excellente introduction au dessin animé. Procurez-vous un petit carnet, ou mieux encore un bloc de pense-bêtes adhésifs. Partez de la dernière feuille du bloc. Dessinez une forme simple en bas de la feuille, au milieu. Passez à la feuille suivante et reproduisez le même dessin en le modifiant légèrement. Faites de même sur chaque feuille : transformez chaque fois un peu plus l'image, en vous guidant sur le dessin de la feuille précédente. Une fois le bloc rempli, faites défiler les feuilles, de la première à la dernière, par pression du pouce. Vous verrez alors votre suite de dessins former une scène animée.

Un folioscope ne coûte quasiment rien, il exige peu de matériel : juste du papier et un crayon.

La suite d'images ci-dessous est tirée d'un folioscope basique. En reliant ces images dans l'ordre adéquat et en les faisant défiler rapidement, on peut voir la sphère diminuer, puis exploser sous la forme d'une étoile à cinq branches. La séquence ne contient que sept images, aussi ne dure-t-elle pas longtemps. La prolonger demanderait plus d'images, avec un folioscope plus épais.

3 Passez un fil de laine dans chacun des trous (un fil par trou).

4 Repliez chaque fil sur lui-même puis saisissez leur extrémité. Tendez les fils et en les tortillant entre vos pouces et index, faites tournoyer la rondelle. L'illusion d'optique fait apparaître le poisson dans le bocal.

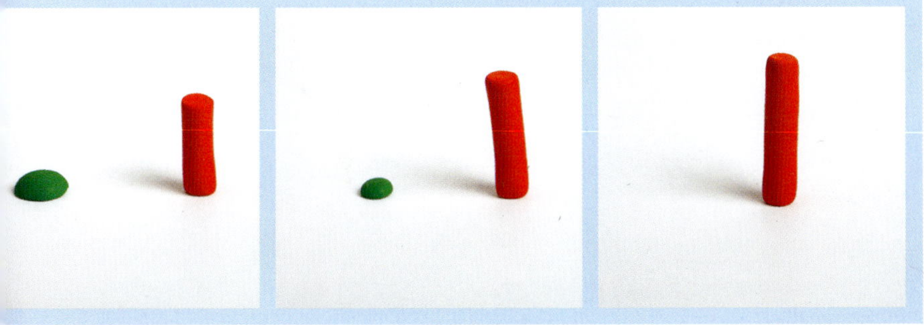

Étape suivante
Ces deux exercices présentent les fondements des différentes formes d'animation explorées dans cet ouvrage. Les exercices suivants, plus sophistiqués, nécessitent l'usage d'une caméra et d'un ordinateur afin de conserver et de visionner vos images.

Choisir son **ordinateur** et son **caméscope**

La création d'une animation se divise en six étapes basiques : capturer les images, les mettre en séquence, vérifier le résultat, monter les séquences, ajouter le son et les titres, et présenter l'ouvrage fini à votre public. Pour cela, vous devez disposer de trois outils technologiques : un ordinateur, un (ou plusieurs) logiciel(s) et un caméscope. Les pages suivantes vous guideront dans l'installation d'un espace de travail simple, pratique et financièrement abordable, qui permet de créer différents types de séquences animées. Seront également décrits en détail les outils et la configuration nécessaires au bon fonctionnement de vos « capteurs d'images » (le caméscope et l'ordinateur). Vous aurez alors tout ce qu'il faut pour réaliser les projets exposés dans cet ouvrage !

Vérifiez la connexion entre votre ordinateur et votre caméra.

Ordinateur

N'importe quel ordinateur datant de moins de cinq ans est techniquement capable de faire fonctionner un logiciel d'animation. S'il est plus vieux, sa capacité de mémoire risque d'être insuffisante. L'animation se réalise aussi bien sur un ordinateur de bureau que sur un portable, et des logiciels spécifiques sont disponibles sur Mac ou PC (Windows). Si vous achetez un ordinateur dédié à la création d'animation, optez pour un portable, par définition facile à déplacer et peu encombrant. Le choix de ce nouvel ordinateur doit être pensé en fonction du caméscope utilisé.

USB ou firewire

Si vous n'en possédez pas, vous opterez peut-être pour l'achat d'un appareil photo numérique ou d'une webcam. Tous deux possèdent une connexion USB. En revanche, la plupart des caméscopes sont équipés d'un câble firewire (voir p. 14 et 15 pour plus de détails). Tout ordinateur inclut une prise USB, mais assurez-vous que le vôtre comprenne également un port firewire où connecter votre caméra.

Un ordinateur de bureau classique (moniteur + tour) peut suffire à la création d'animation, mais un ordinateur portable est préférable (pour les situations exigeant une certaine mobilité).

Logiciels

Le choix des logiciels se fait selon le type d'ordinateur utilisé. Si vous avez un Mac, choisissez entre iStopMotion et FrameThief. Ils sont peu onéreux, très faciles à installer, mais demandent une connexion Internet. Sur un PC Windows, optez pour StopMotion Pro. Il est un peu plus cher que les deux précédents, mais c'est le meilleur logiciel de capture d'image. Il fonctionne aussi bien avec un firewire qu'une connexion USB. StopMotion Pro dispose également de nombreux outils d'apprentissage de l'animation, qui vous permettent de progresser.

La barre d'outils du logiciel

Tout logiciel a sa barre d'outils, aux fonctions standardisées. Le bouton « Prévisualisation » (« Live ») fait défiler les images prises par votre caméra. Le gros bouton rond marqué d'une caméra commande la fonction « capture d'image » : il permet la sélection des images que vous souhaitez conserver sur votre ordinateur. Pour revoir cette sélection sous forme de séquence, on appuie sur le bouton « Sélection » (« stored »).

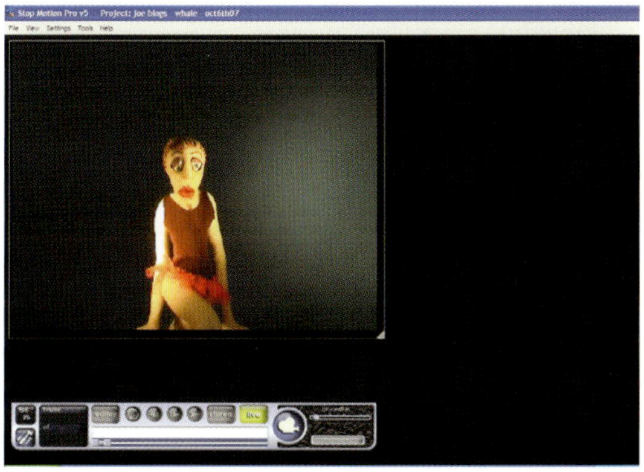

Fenêtre en temps réel

La fenêtre de capture d'image en temps réel est un outil-clé pour l'animateur débutant. Elle montre ce qui est filmé en direct, ce qui permet d'ajuster le cadrage et l'éclairage. Au fur et à mesure du travail d'animation, la fenêtre de capture stocke les images. On peut ensuite les faire défiler à la vitesse de 25 images/seconde pour vérifier la progression de la séquence. Elle propose aussi la fonction « pelure d'oignon » qui permet de voir en légère transparence l'image précédente, afin d'assurer une continuité en fonction de rythme et du mouvement du sujet.

Du bon usage de la fonction « pelure d'oignon »

On a déplacé le bras du personnage vers le haut, mais la trace de sa position précédente reste visible à l'écran. Ceci permet de jauger la vitesse du mouvement, et s'avère indispensable pour l'animation par substitution (voir p. 36).

Logiciels de montage

De nos jours, la plupart des ordinateurs comprennent un logiciel de montage gratuit. Sur Mac, iMovie permet d'agrémenter son film avec du son, des titres, et des effets visuels. Un PC est généralement équipé de Windows Movie Maker.

Apprendre l'usage du logiciel

Tous les logiciels mentionnés sont très faciles à installer et à maîtriser. Des guides, tutoriaux et foire aux questions sont disponibles sur les sites web qui y sont dédiés (voir liste p. 123).

Outils standard des logiciels

Chacun de ces logiciels présente un ensemble d'outils génériques.

- La visualisation en temps réel des images prises par la caméra (fenêtre en temps réel).
- La capture d'image. Elle permet d'enregistrer plusieurs images à la manière de photos, puis de les animer à la vitesse standard de 25 images/seconde.
- Des outils simples (tels que la pelure d'oignon) permettant de développer son talent d'animateur.
- La possibilité de convertir les séquences animées sous forme de fichier Quicktime ou AVI afin de les graver sur CD ou DVD, ou bien de les importer dans un logiciel de montage pour la postproduction (son, titres).

Caméras et/ou appareils photo

Sélectionner le bon outil pour enregistrer vos images est primordial. Il faut donc mener un sérieux travail de recherche, notamment sur des sites web spécialisés. Vous obtiendrez de nombreuses indications, peut-être même trop. Pour éviter toute confusion et choisir plus facilement votre appareil, suivez les règles simples exposées ci-dessous.

Une caméra numérique sert non seulement à créer de l'animation, mais aussi à prendre des photos et à filmer des scènes qui seront enregistrées.

prix : bas
connexion : USB
compatibilité logiciels : limitée
fonctions : limitées
qualité d'image : pauvre

Webcam

C'est certainement la solution la moins onéreuse, mais aussi la plus limitée au niveau des fonctions et de la qualité d'image. De plus, une webcam ne fonctionne qu'avec certains logiciels et sa connectivité se limite aux prises USB.

La webcam est très abordable, mais donne des images médiocres.

prix : raisonnable
connexion : USB
compatibilité logiciels : limitée
fonctions : étendues
qualité d'image : photographie en haute définition (ce qui donne des fichiers lourds, peut-être difficiles à manipuler)

Appareil photographique numérique (APN)

Cet appareil photo enregistre des images en haute définition sur une carte mémoire, dont on peut transférer le contenu sur l'ordinateur par le biais d'un câble USB. Si votre budget le permet, un modèle équipé des fonctions automatique et manuelle vous permettra de créer des animations de qualité acceptable. Toutefois, il faudra soigneusement veiller à ce que votre logiciel et votre appareil photo soient bien compatibles : certains logiciels sont conçus pour ne fonctionner qu'avec des modèles d'appareils précis. Et, si les photos prises par un APN sont toujours de bonne qualité, leur usage limite parfois la fonctionnalité du logiciel. De plus, l'APN ne permet pas de sauvegarder une séquence finie sur cassette (voir « Caméra DV »).

Sur un modèle bon marché d'APN, certaines fonctions-clés sont systématiquement réglées en mode automatique, ce qui peut faire varier la netteté des images et ainsi altérer la qualité d'animation.

prix : variable
connexion : firewire
compatibilité logiciels : totale
fonctions : étendues
qualité d'image : bonne

Caméra DV

Les DV ou caméras numériques, connectées par câble firewire, occupent tout simplement la fonction d'« œil » pour le logiciel de capture d'image. Elles donnent une image de bonne qualité et sont généralement équipées des fonctions automatique et manuelle. Nous vous conseillons un modèle à cassettes miniDV, dont la qualité d'image est excellente et dont le coût a fortement baissé ces dernières années. Ces caméras sont également compatibles avec le type de logiciel recommandé dans cet ouvrage. D'ailleurs quel que soit son modèle, ce type de caméra donne des images de grande qualité.

Manuel contre automatique

Sur une caméra ou un appareil photo, la fonction « automatique » ajuste la netteté de l'image en fonction de la luminosité. Mais cette fonction bien pratique pour filmer un objet en mouvement ou pour prendre une simple photo s'avère contre-productive en animation. Ici, les images enregistrées doivent s'ordonner en une séquence de 25 images/seconde : sur chacune des images, le contraste, la source de lumière, et le cadrage doivent être les mêmes. Il est donc primordial de disposer d'une caméra ou d'un appareil photo dont les fonctions-clés suivantes soient réglables manuellement.

Ces personnages sont nets et bien éclairés

La même image avec une mise au point altérée. On note que les personnages sont flous.

Mise au point

Utiliser la fonction automatique dans une séquence animée (même s'il s'agit de simples dessins en deux dimensions) modifie la mise au point chaque fois que les mains de l'utilisateur entrent dans le champ. Le sujet devient successivement plus flou sur telle image, ou plus net sur une autre. Les multiples changements de mise au point rendent la séquence animée irregardable. Un réglage manuel permet de sélectionner la mise au point la plus nette dès la première prise de vue, et elle restera en fonction pendant tout le tournage de la séquence.

Exposition ou balance des blancs

Cette fonction contrôle le degré de lumière qui entre dans l'objectif, et donc la luminosité de l'image cadrée. Lorsque la fonction est automatique, le niveau d'exposition change chaque fois que les mains de l'animateur entrent dans le cadre (car elles reflètent de la lumière) pour modifier la position du sujet à animer. Certaines images sont alors plus éclairées que d'autres, ce qui nuit à la fluidité de la séquence. Avec le contrôle manuel, on choisit le meilleur niveau de lumière selon le sujet et le cadrage, et l'on s'y tient. C'est à l'utilisateur de modifier ce réglage selon son désir, quel que soit le degré de luminosité de la pièce.

Ci-contre, les personnages sont surexposés et semblent plats, sans texture.

Ci-dessus, les personnages sont sous-exposés et semblent être dans la pénombre.

Zoom

La plupart des DV et appareils photo numériques n'incluent qu'un zoom manuel, mais certaines caméras professionnelles sont dotées d'un zoom automatique. Le problème, ici, est de « bloquer » le zoom. Parfois, après avoir été éteinte, la caméra remet automatiquement le zoom dans sa position initiale. Cela oblige l'animateur à tourner sa séquence en une seule fois, où à veiller à ce que la caméra reste constamment allumée. Mieux vaut utiliser une caméra disposant du blocage du zoom, ou dont le zoom ne revienne pas en position standard après extinction. Les vendeurs sont là pour vous informer à ce sujet.

Le zoom permet de prendre un sujet en gros plan sans déplacer sa caméra.

Jouer les **machinistes**

Au cinéma, le machiniste est responsable des systèmes de fixation de la caméra (pieds, grues) et de son déplacement (travelling, dolly). Dans le domaine de l'animation, cela consiste à utiliser un banc-titre et/ou un trépied.

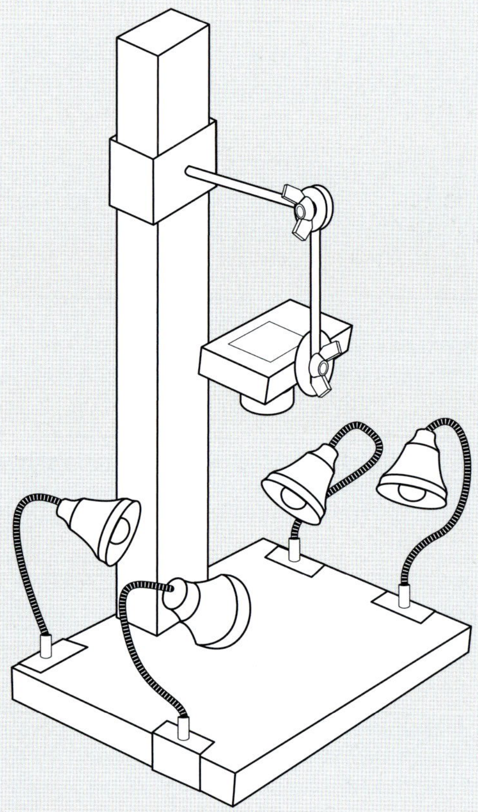

Banc-titre

Un dessin animé classique demande que la caméra soit positionnée au-dessus des dessins, l'objectif braqué vers le bas. Pour cela, le banc-titre, équipé d'un poteau gradué et d'un support pour la caméra, est l'outil le plus fiable.

Banc-titre professionnel

Les bancs-titres destinés à l'usage professionnel (avec un éclairage et une fixation spéciale pour caméra) sont disponibles dans le commerce, mais sont onéreux, lourds et encombrants. De plus, le support de la caméra positionne souvent la base de celle-ci contre le bras, et cela oblige l'animateur à disposer ses dessins à l'envers. On peut corriger ce point avec une extension du support, équipée d'une attache, mais cela représente une dépense de plus.

SYSTÈME D

Voir le schéma d'assemblage p. 118 et 119 pour construire votre propre banc-titre à un prix raisonnable. Si le bois doit être coupé par un professionnel, l'assemblage des éléments est très facile et ne demande que des outils simples (colle à bois, perceuse, vis).

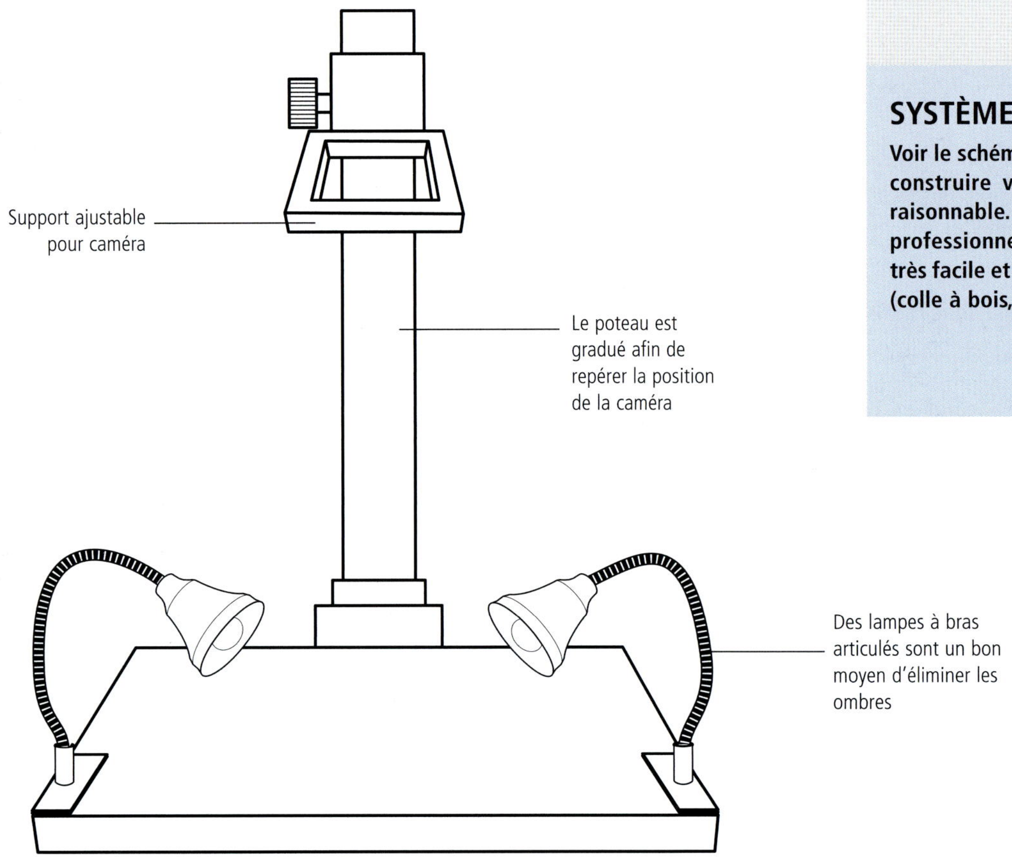

Trépieds

L'animation d'objets en trois dimensions demande que l'on positionne la caméra horizontalement, au même niveau que la scène à filmer. La méthode la plus fiable consiste à utiliser un trépied. Celui-ci doit pouvoir atteindre une hauteur dépassant d'au moins 30 cm la table où seront disposés les éléments à animer. Ne lésinez pas sur la qualité de votre trépied. Un trépied mal équilibré a tendance à bouger dès que l'on touche la caméra, ce qui nuit à la fluidité de l'animation. Pour éviter ce genre de mésaventure, on peut lester le trépied avec un objet lourd, ou le coller au sol (sans moquette !) avec du chatterton. Si l'espace vous manque, vous pouvez vous contenter d'un mini-pied posé sur la table, ou bien fixer directement la caméra à la table avec une attache. L'avantage principal des trépieds est qu'ils n'occupent que peu d'espace, mais en contrepartie, ils sont trop facilement déplaçables.

La plupart des trépieds sont équipés d'une attache rapide de forme carrée. On la retire de la tête du trépied (comme sur la photo ci-contre) et on la visse à la base de la caméra. Puis, on réinsère l'attache au sommet du trépied, et la caméra est ainsi fixée.

Les caractéristiques du trépied dépendent de son prix et de sa fonction. Certains sont conçus pour la prise de vues en direct, ce qui implique une grande liberté d'action et de mouvement. D'autres sont légers, avec une tête articulée permettant un mouvement fluide de la caméra. Le meilleur choix reste le trépied de photographe, en général plus stable et facile à bloquer dans une position donnée. Le trépied ci-dessus est doté de pieds extensibles et d'une tête articulée facilitant le cadrage d'une scène.

Bien choisir son trépied

Il existe tout un éventail de trépieds : des modèles légers et économiques disponibles aux rayons caméras ou informatique des grands magasins, aux modèles professionnels plus onéreux des boutiques spécialisées.

Le trépied comme banc-titre de fortune

Avec un budget trop serré, on peut se contenter d'un petit trépied comme banc-titre. Étirez ses pieds avant de le poser sur la table. Pointez la caméra vers le bas, et accrochez vos dessins sur une planche inclinée. L'inconvénient de cette méthode est la position des pieds qui peut vous gêner quand vous changez de dessin : le risque de faire bouger le trépied est constant ! De plus, l'animateur est éloigné du dessin, ce qui rend tout ajustement fastidieux.

Mettre en place votre **plateau**

Une fois familiarisé avec la caméra, le trépied et/ou le banc-titre, l'ordinateur et le logiciel, il faut réunir tout ce matériel sur un « plateau de tournage » où seront filmés les éléments à animer. Deux types de « plateaux » sont utilisés dans ce livre :
1) un plateau de dessin animé (animation en deux dimensions, à base de dessins) ;
2) un plateau d'animation en volume (personnages articulés).

Banc-titre
Système comprenant un poteau pour tenir la caméra et une surface sur laquelle fixer les dessins.

Plateau de dessin animé

Ici, la caméra est suspendue au-dessus des dessins, l'objectif pointé vers le bas. Chaque dessin est fixé à la surface filmée par de l'adhésif ou des attaches.

Ruban adhésif
Le tournage d'un dessin animé exige que chaque dessin soit bien fixé à la surface filmée, afin d'éviter les changements de cadre d'une image à l'autre. Le ruban adhésif est un bon moyen de fixation.

Ce plateau sert aux types d'animation suivants :
projet 1 : animation de sable (page 28)
projet 3 : animation de papier découpé (page 42)
projet 4 : animation d'objets réels (page 54)
projet 5 : dessin animé traditionnel (page 64)

Support caméra
Le support est la partie du poteau sur laquelle on fixe la caméra. Certains bancs-titres professionnels ne permettent de fixer la caméra que dans un sens, la base de la caméra se retrouve alors collée au poteau. Donc pour l'animateur, qui est placé devant le banc-titre, le seul moyen de filmer sa scène correctement est de la disposer à l'envers par rapport à lui pour qu'elle apparaisse à l'endroit dans l'objectif de la caméra. Pour remédiez à cela, reportez-vous aux pages 118 et 119.

Serre-joint
La base du banc-titre devra être solidement fixée à la table pour éviter tout déplacement malencontreux pendant la prise de vues. Un petit serre-joint (similaire à celui qui fixe le support caméra) assurera la stabilité de l'ensemble.

Plateau pour dessin animé
Les dessins sont faciles d'accès, l'animatrice est confortablement assise, et l'ordinateur portable est bien placé : il suffit de tourner un peu la tête pour voir le retour direct de l'image.

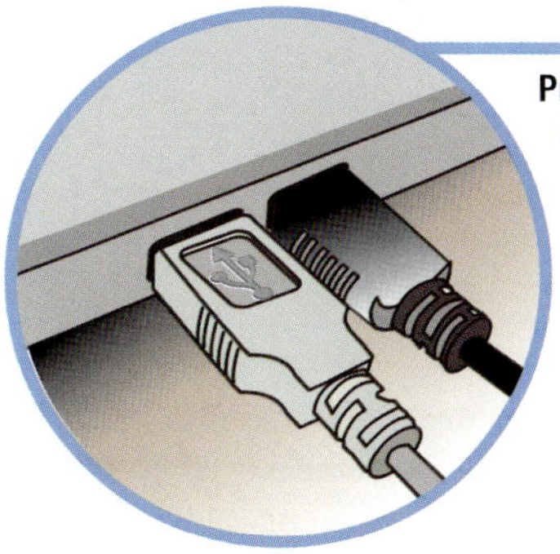

Prises Firewire ou USB
Bien s'assurer que ces prises soient faciles d'accès.

Écran LCD
Si possible, fixez la caméra de manière à ce que l'écran LCD soit ouvert sur le côté. Cet écran vous fournira un deuxième retour image, en plus petit, qui peut s'avérer fort pratique pour composer votre cadrage.

Table
Votre table d'animation doit être aussi robuste et stable que possible. Veillez à ce que sa hauteur vous permette d'être confortablement installé. Il faudra peut-être la modifier légèrement si vous voulez aussi l'utiliser pour de l'animation en volume.

Ordinateur
Positionnez l'écran avec une visibilité optimale.

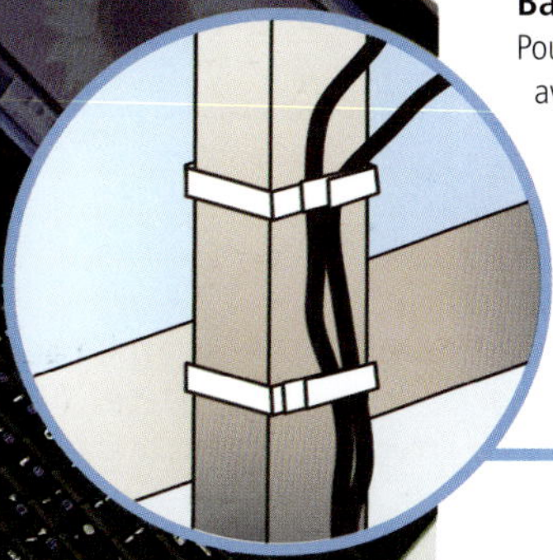

Bandes velcro
Pour ne pas encombrer le plateau avec les câbles (ordinateur, caméra, connexions, alimentation), ficelez-les ensemble. Le meilleur système de fixation est le ruban Velcro (en rouge sur la photo), facile à couper et à retirer. Évitez le ruban adhésif : il est difficile à enlever et rend les câbles poisseux.

Plateau pour animation en volume

Ici, la caméra est fixée à un trépied et positionnée en face d'une surface plane où sont disposés les objets en trois dimensions (des figurines articulées, par exemple) qui seront cadrés et filmés.

On utilise cette installation pour :
projet 2 : animation de pâte à modeler (page 34)
projet 4 : animation d'objets réels (page 54)
projet 6 : *stop-motion* (page 70)

Bien voir l'écran
La position de l'écran doit vous permettre de contrôler aisément les images que vous tournez.

Surface d'animation
L'animation de pâte à modeler ou d'objets ne demande qu'une simple surface plane, comme une table. Mais le jeu de personnages articulés peut obliger à détériorer la surface, par exemple pour y forer des trous servant à stabiliser la figurine (voir p. 89).

Trépied
C'est l'ustensile qui soutient la caméra. Il doit être stable et bien fixé, loin des couloirs ou lieux de passage fréquent, car la moindre vibration peut faire trembler la caméra et nuire à la succession séquencée des images.
Afin de laisser suffisamment de place pour bouger la figurine entre deux prises, évitez de poser le trépied trop près de la table : le zoom suffira à réduire la distance.

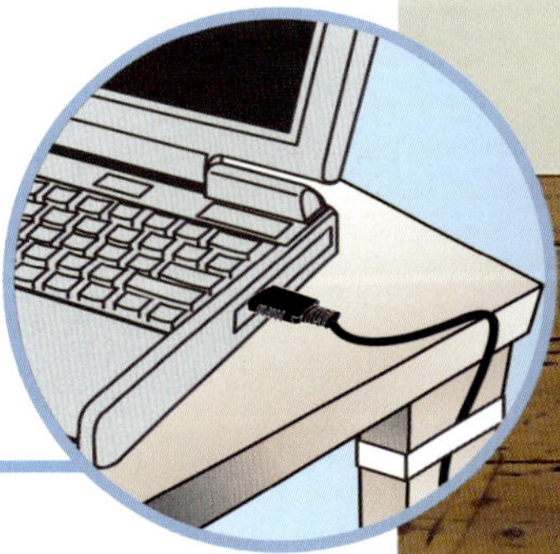

Câble firewire
Utilisez un câble firewire extra-long et disposez-le avec soin pour éviter tout problème de sécurité.

Plateau pour animation en volume
La caméra est suffisamment éloignée de la table pour permettre à l'animateur d'accéder à la figurine.

Bandes Velcro
Des bandes Velcro permettent d'accrocher les câbles au trépied.

Ruban adhésif

C'est le meilleur système de fixation pour les morceaux de tissu ou de papier qui vous serviront d'arrière plan. Si vous souhaitez y ajouter des éléments de décor, vous pouvez construire un « rideau » de bois soutenant le fond (voir p. 98).

Lampes

L'éclairage peut être assuré par de simples lampes de bureau à cou articulé, disposées et scotchées sur la table. Mieux encore, si possible, optez pour une lampe équipée d'un étau pouvant se fixer aux bords de la table. Vérifiez l'épaisseur de votre table avant d'acquérir ce type de lampe.

Rallonge multiprise

Vu le nombre d'appareils électriques utilisés, investir dans une multiprise est indispensable. Les prises doivent être faciles d'accès. Vérifiez que le câble soit suffisamment long pour installer votre plateau loin d'une prise murale, si nécessaire. Afin d'identifier aisément les câbles, repérez-les en collant des étiquettes.

Choisir le meilleur **emplacement**

Après avoir maîtrisé le maniement de votre caméra et testé votre plateau, le moment est venu d'installer définitivement votre studio d'animation. Voici quelques astuces pour bien utiliser l'espace.

Horloge murale

Cette horloge, dotée d'une trotteuse, vous permettra de chronométrer vos séquences, d'estimer le temps de séchage de vos éléments peints, etc. Préférez une horloge murale à un réveil avec fil électrique, pour éviter l'encombrement.

Stockage

Si vous disposez d'assez d'espace, une étagère sera très utile pour poser tous les ustensiles et objets nécessaires au tournage. Cela évite d'encombrer la table.

Customisez votre table

La table doit être aussi robuste que possible et d'une hauteur ergonomique. Si possible, retirez le plateau et remplacez-le par une plaque de bois aggloméré : vous pourrez ainsi faire des trous, coller du tissu ou visser des éléments de décor sans détériorer votre table. C'est aussi un moyen d'alterner facilement les décors, construits séparément sur différentes plaques.

Pour ne pas égarer ses outils

La plupart des magasins de bricolage proposent des rouleaux Velcro double face. Collez-en un morceau au bord de la table ou sur un pied, puis disposez vos outils les plus utiles (ciseaux, tournevis, rouleaux de bande adhésive) entre la face crochet et la face velours du Velcro. Vos outils seront ainsi toujours disponibles.

SYSTÈME D

Les pages 120 et 121 présentent les modèles de deux décors-types : extérieur et intérieur.

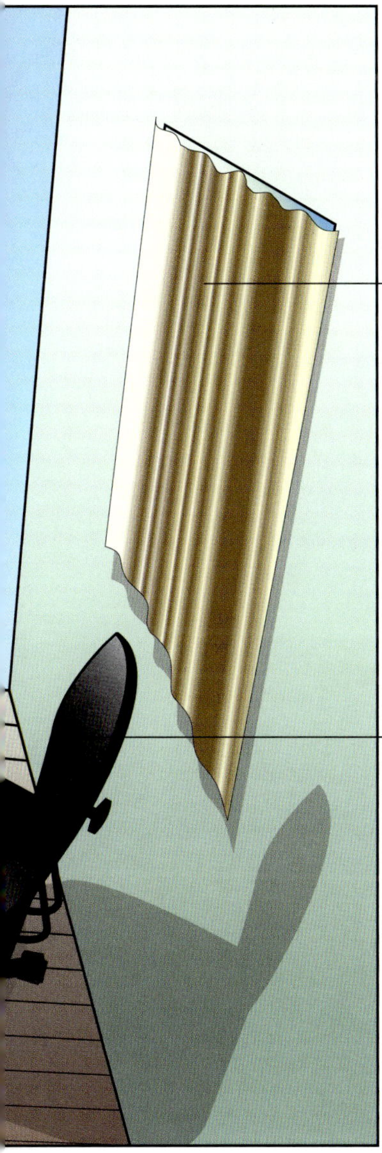

Attention à l'éclairage

En animation, un contrôle absolu du niveau de luminosité de la pièce est nécessaire. Ne laissez pas entrer la lumière naturelle : elle ferait varier la luminosité en fonction de l'heure, des intempéries ou d'autres stimuli.

Soyez à l'aise

Procurez-vous une chaise ajustable, aussi confortable que possible, car vous y passerez probablement des heures. Une chaise tournante, avec une bonne assise est un atout pour l'animateur.

Sécurité et salubrité

La sécurité est une priorité absolue. Que vous travailliez dans un studio de production professionnel, dans une salle de classe, ou chez vous, vous devez veiller à votre santé et à celle des autres.

Électricité

Votre espace de travail comporte des câbles et des prises en pagaille. N'y apportez jamais de liquides d'aucune sorte. Assurez-vous du bon état de chaque câble et de chaque prise. Éteignez tout une fois votre journée de travail terminée.

Chutes, glissades, et faux pas

Une luminosité réduite, un trépied, des câbles en quantité, un espace réduit… ces conditions multiplient les risques d'accident. Réunissez les câbles dans un espace éloigné de votre aire d'action (dans l'idéal, accrochez-les aux pieds de la table avec du Velcro). Écartez également les rallonges et le matériel superflus. Ne placez jamais une lampe ou un trépied devant une porte.

Chaleur et éblouissement

Ne touchez jamais la tête de la lampe ou son ampoule sans un tissu protecteur. Placez les lampes à une distance raisonnable de vous, pour empêcher toute brûlure accidentelle. Protégez votre regard : évitez de vous faire éblouir par les lampes.

Prudence avec les outils

Certains outils, comme les cutters ou les pistolets à colle, doivent être maniés avec prudence. Si vous vous sentez dépassé par cette tâche, faites appel à un utilisateur expérimenté. N'utilisez en aucun cas un outil électrique (ponceuse, scie sauteuse) si vous ne maîtrisez pas son maniement.

Problèmes de toxicité

De nombreuses personnes sont allergiques à certains produits, comme le latex. Assurez-vous de ne pas utiliser de produits qui puissent vous incommoder, et renseignez-vous sur les allergies de vos collaborateurs éventuels. Protégez vos vêtements avec un tablier. Évitez l'usage de produits volatiles dans un espace confiné.

Pensez à votre confort

L'animation demande de rester quotidiennement assis dans la même position. C'est un travail qui se répète pendant des jours, voire des semaines. Placez la caméra, les sujets à filmer, et l'ordinateur de façon la plus ergonomique, la plus confortable possible. Un bon siège, des dessins ou des figurines faciles à atteindre, un écran bien visible et une porte toujours accessible, voilà les astuces à retenir.

La **boîte à outils** de **l'animateur**

Chaque projet présenté dans ce livre requiert un équipement particulier (une liste des outils et des matériaux nécessaires est donnée en début de chapitre). Certains outils de base sont employés dans différents types d'animation, voire dans tous. L'animateur débutant peut donc se constituer une « boîte à outils » qui lui servira dans tous les cas.

Une vraie boîte à outils

Pour ranger vos outils, prenez tout simplement une solide boîte à outils, avec un couvercle et une poignée. L'idéal est une boîte à plusieurs niveaux, dépliables ou amovibles (sous forme de tiroirs, par exemple). Rangez ensemble crayons et pinceaux dans un petit tiroir. Placez ciseaux et cutters dans la partie supérieure de la boîte (inutile de vous blesser en les cherchant).

Carnets de croquis, crayons, feutres et marqueurs

Le plus souvent, l'animation commence par des dessins. Ils permettent de noter les idées, d'ordonner les séquences sous forme de story-board (ou scénarimage), quelle que soit la technique d'animation. Même un créateur chevronné de figurines en volume doit faire des croquis préliminaires de ses personnages. Gardez à portée de main un petit carnet à spirale et couverture rigide, ainsi qu'un ensemble de feutres et de crayons de couleur.

Pinceaux, éponges et chiffons

Des pinceaux de toutes tailles sont utiles dans bien des cas : peindre les décors d'une animation en volume, créer les formes d'une animation à base de sable sur table lumineuse (voir p. 28), etc. Prévoyez un ou deux pinceaux de qualité, ainsi que plusieurs pinceaux bon marché de tailles différentes pour les tâches moins délicates. Les éponges et chiffons sont utilisés pour ajouter des textures à vos arrière-plans, dans l'animation de volume ou de papier découpé.

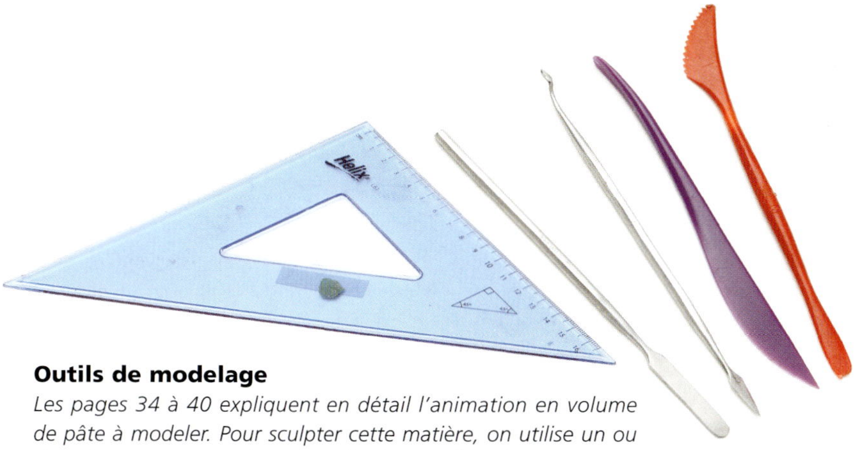

Pâte à coller

Cette pâte est habituellement utilisée pour coller des affiches aux murs. En animation, elle vous permet de fixer vos personnages en papier découpé, les objets réels que vous animez, ou les arrière-plans. C'est aussi un moyen pratique d'afficher vos story-boards et vos pages de scénarios sur les murs, afin d'y suivre facilement la progression d'une longue scène.

Outils de modelage

Les pages 34 à 40 expliquent en détail l'animation en volume de pâte à modeler. Pour sculpter cette matière, on utilise un ou deux instruments en plastique, afin de peaufiner les détails. On peut également façonner un sujet à l'aide de crayons, de cure-dents ou du manche d'un pinceau. Pour lisser les formes ou pour nettoyer les mains et les outils, on peut utiliser des lingettes jetables.

Ciseaux, cutters et règles

Deux ou trois paires de ciseaux sont nécessaires : une petite, bien acérée pour couper dans le détail ; une grande paire pour les découpages grossiers ; et une paire de ciseaux de qualité, uniquement pour couper le tissu. Préférez les cutters à lame rétractable, pour plus de sécurité. Une ou deux règles ou équerres ne sont pas de trop.

Papier et carton

Tâchez de conserver un stock de papier de couleurs diverses, pour les arrière-plans. Rangez-les en rouleaux, et recyclez-les après usage (si possible). Un rouleau de papier peint texturé, couleur blanc cassé, peut toujours servir d'arrière-plan neutre.

Bande adhésive

Prévoyez avant tout du chatterton, une marque facile à déchirer. Il est constamment utile : pour fixer les dessins, les câbles (si vous n'avez pas de Velcro), etc. Prenez également un rouleau adhésif transparent ordinaire et un rouleau de papier cache adhésif.

2 Passer à la pratique

Tous les types d'animation traditionnelle méritent d'être essayés. Les projets décrits dans les chapitres suivants vous feront successivement découvrir le sable, la pâte à modeler, le papier découpé et les figurines articulées.

Animation **de sable**

Elle permet la création de très belles séquences abstraites à l'aide d'outils et de formes simples, sous forme d'illusions lumineuses. Pour l'animateur débutant, l'animation de sable est une discipline appropriée. De par sa nature, elle suggère des formes basiques, abstraites, et non des dessins élaborés, ce qui rend le travail d'animation plus facile et plus rapide.

Outils du projet

- plateau de dessin animé (voir p. 18) ;
- table lumineuse ;
- sable fin stérilisé (en vente dans les magasins de jouets et de décoration) ;
- règle en plastique (30 cm) ;
- un ou deux petits pinceaux.

Table lumineuse

Tout animateur a besoin d'une petite table lumineuse. Elle est indispensable au dessin animé traditionnel, mais aussi utile pour l'animation de sable.

Ci-dessous, une table lumineuse parfaitement adaptée à l'animation de sable. Légère, facile à porter, cette table de photographe professionnel donne une lumière unie et agréable. La plaque est un peu plus grande qu'une feuille A4.

Fabriquer votre propre table lumineuse

Pour limiter votre budget, fabriquez vous-même une table lumineuse rudimentaire à l'aide d'ustensiles et de matériel courants. Le schéma ci-dessous montre la fabrication d'une table lumineuse très bon marché, à base de bois aggloméré ou de medium (ou MDF) et de lampes à clip.

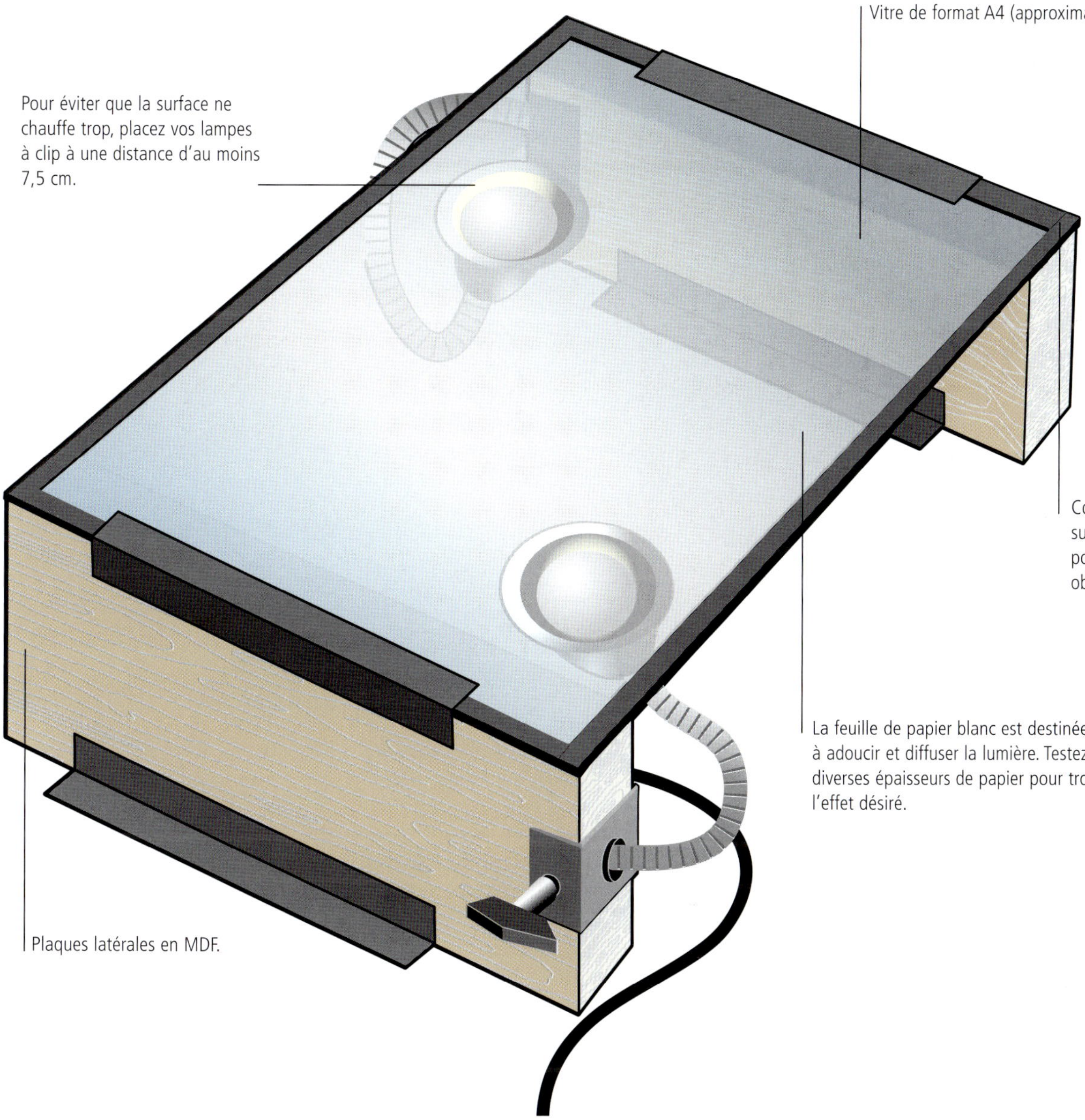

1 Le dessus de la boîte est une plaque de verre transparent (format A4 ou approchant). Elle est récupérée d'un cadre à photo par exemple. Les deux côtés sont des planches de MDF (5 x 10 cm), coupées en fonction de la largeur de la plaque (voir schéma).

2 Posez la vitre sur les deux planches de bois et collez-la avec du chatterton (voir schéma). Collez également les planches au support pour stabiliser votre table lumineuse.

3 Avec de petits morceaux de bande adhésive transparente, scotchez sur le recto de la vitre une feuille de papier de même taille.

4 Attachez des lampes à clip aux planches latérales (voir schéma), et courbez leur cou de façon à ce qu'elles illuminent le dessous de la vitre (vous pouvez aussi utiliser un néon).

À SAVOIR

Les ampoules utilisées pour ce type de table lumineuse peuvent éventuellement donner une luminosité moins diffuse. Cependant l'animation de sable est suffisamment simple pour que cela ne pose pas de réel problème.

Comment animer le sable

L'animation de sable consiste simplement à créer des marques avec le sable. Ensuite, on ajuste l'exposition de la caméra de manière à donner au sable une teinte très sombre. En travaillant dans une pièce sombre, cette exposition fait également paraître phosphorescente la surface de la table lumineuse.

Bâtons animés

1 Aplanissez le sable sur la surface de la table lumineuse avec le bord de la règle.

2 Capturez 50 images sans rien changer à la surface de sable. Cela créera une pause de 2 secondes, sorte de prélude à l'animation.

3 Pressez le bord de la règle contre le sable, en veillant à laisser une marque (pressez des deux côtés). Vous avez ainsi créé une ligne à travers laquelle brille la lumière de la table. Capturez 5 images.

4 Ajoutez d'autres lignes en faisant pivoter la règle maintenue sur un point fixe à droite de l'image. Capturez 5 images entre chaque ajout d'une nouvelle ligne.

5 Chaque ligne apparaît au-dessus de la précédente.

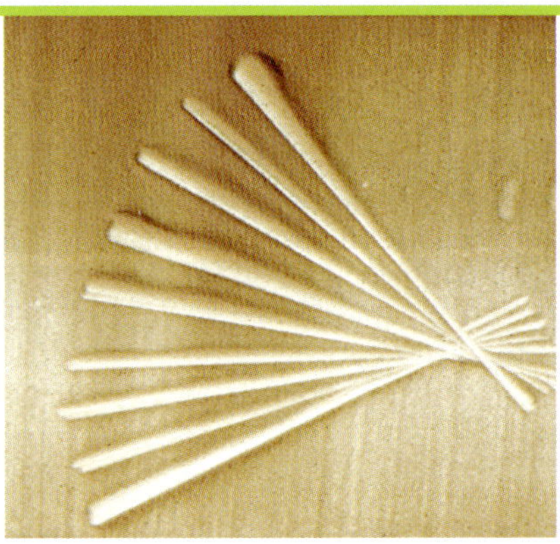

6 Puis fixez un nouveau point de pivotement à gauche, et commencez la création d'un nouvel éventail de lignes, qui recouvrira le premier.

7 Cette fois-ci, ne capturez que 3 images entre chaque nouvelle ligne. En visualisant la séquence, vous verrez que les lignes se succèdent plus vite à partir de l'étape 6, car chaque nouvelle ligne apparaît à écran pendant 3 images au lieu de 5.

8 Continuez à ajouter des lignes jusqu'à obtenir des formes de plus en plus complexes. Variez le nombre d'images enregistrées (passez de 3 à 5 et vice versa, par exemple). Visualisez la séquence obtenue. Qu'arrivera-t-il si vous enregistrez 6 images de la même ligne ? Et 2 images ? Quelle est la différence ?

Régler l'exposition

L'exposition de la caméra (voir p. 15) modifie profondément l'aspect d'une animation de sable. Son niveau doit être réglé manuellement, en fonction de l'indicateur, ce qui rend l'image plus sombre ou plus lumineuse.

Niveau de contraste 1

La surexposition donne au sable une couleur passée, et la table lumineuse renvoie une lumière blanche.

Niveau de contraste 2

Le charme de l'animation de sable apparaît dans le passage subtil entre la lumière et les ténèbres.

Niveau de contraste 3

La sous-exposition rend le sable très sombre (surtout là où il est le plus épais), et la table donne une lumière phosphorescente.

Niveau de contraste 1 — Niveau de contraste 2 — Niveau de contraste 3

Trouvez vos marques

Lorsque vous maîtrisez les principes de l'animation de sable, essayez différents outils pour marquer le sable.

Vous pouvez, par exemple, laisser la marque de votre main sur le sable (voir p. 32 et 33).

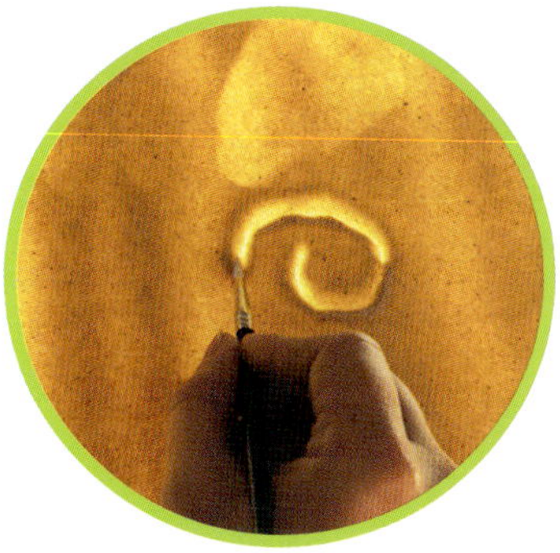

Créez des boucles et des tourbillons au pinceau.

L'animation de sable à l'écran

L'animation de sable donne un résultat très impressionnant à l'écran. C'est une technique qui permet de créer facilement de nombreux mouvements élégants. Ces quelques images vous donnent un aperçu des résultats que l'on peut obtenir en animation de sable.

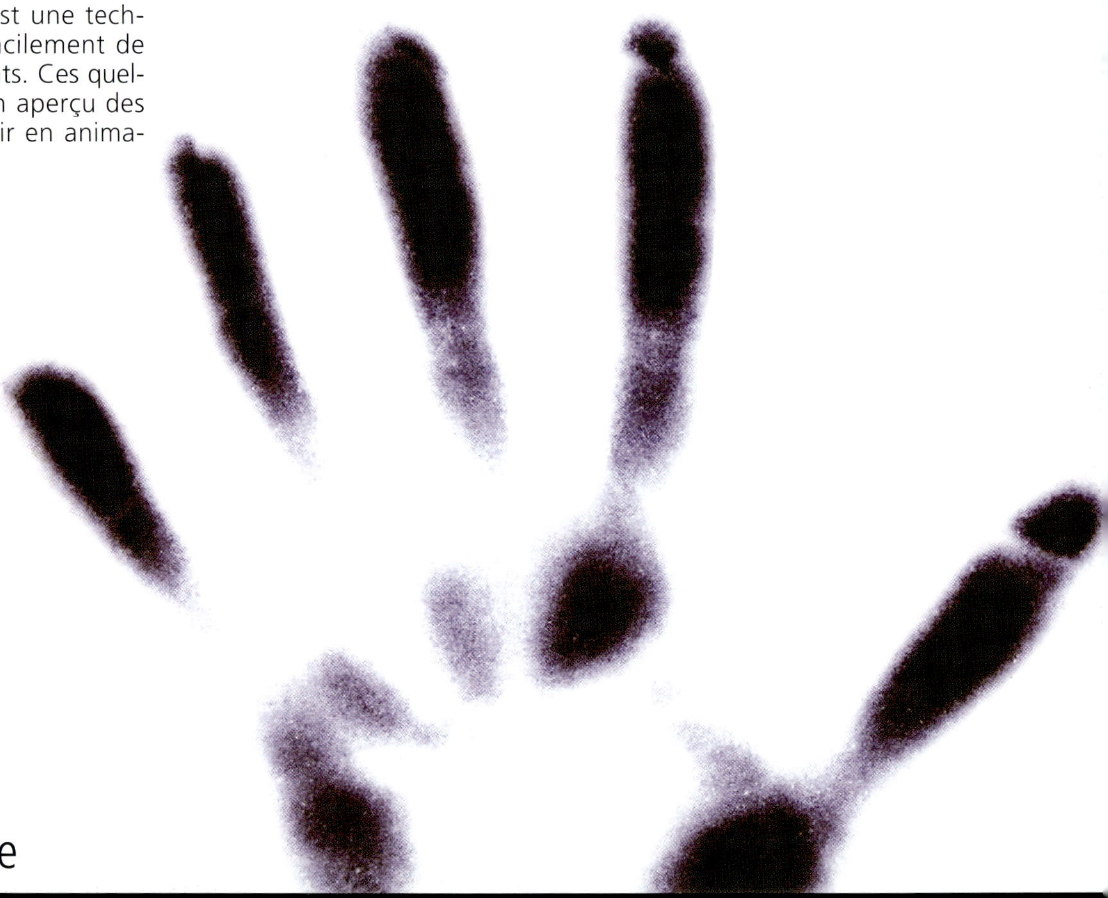

Un trait dans le sable

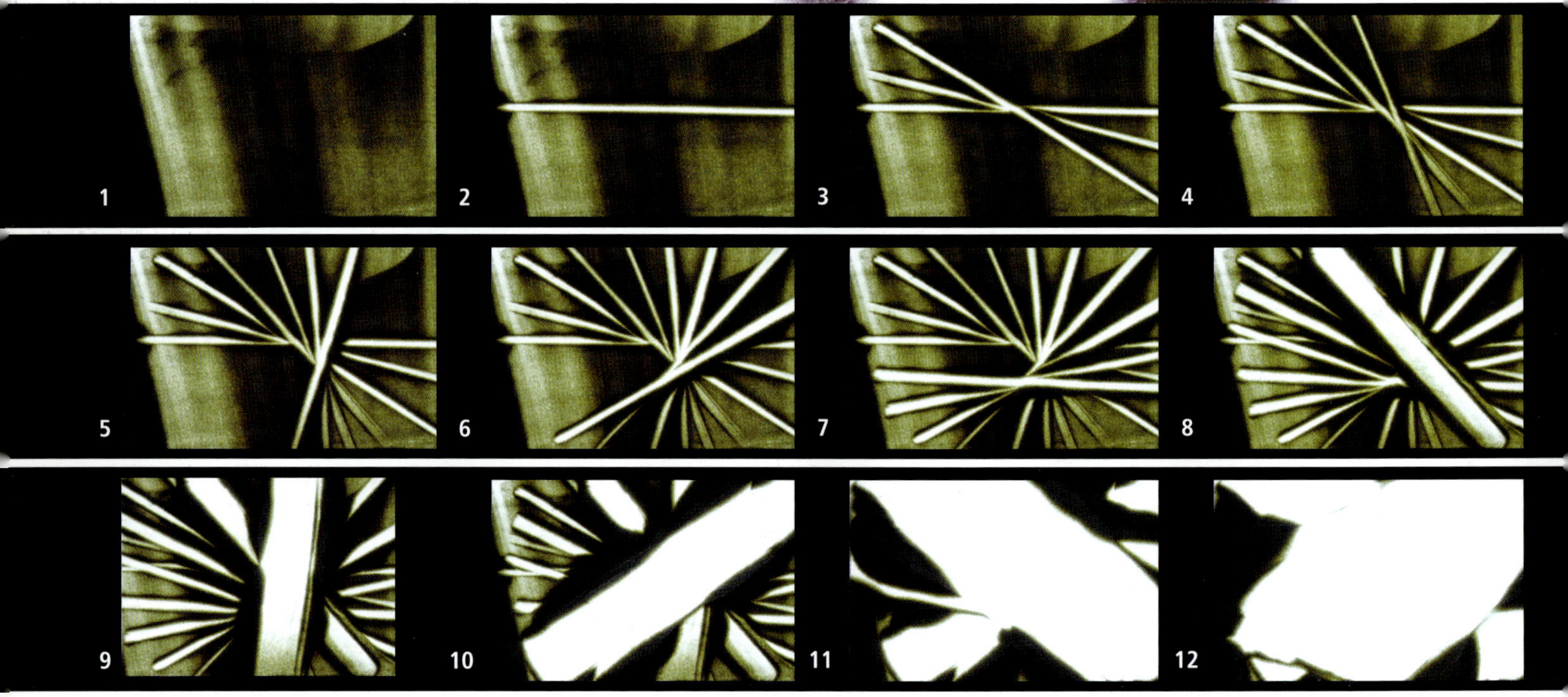

Cette séquence utilise la technique exposée page 30 : on trace des lignes droites dans le sable à l'aide d'une règle. Visualisée à vitesse normale, les lignes apparaissent l'une au-dessus de l'autre, créant un effet de spirale qui semble progresser vers la caméra. À partir de l'image 8, l'effet de « zoom » s'intensifie, chaque ligne devient de plus en plus épaisse.

Un laboratoire pictural

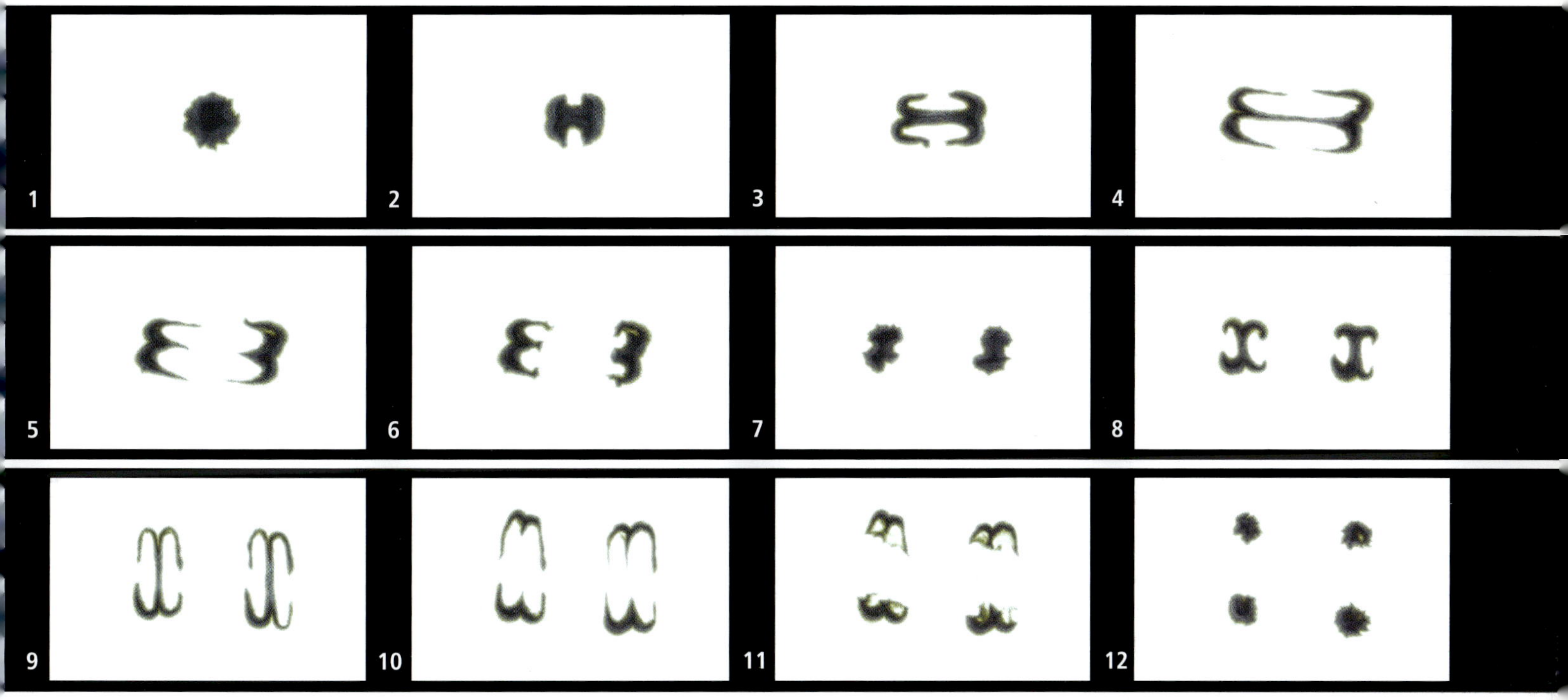

Formez un petit tas de sable, qui contrastera fortement avec la lumière blanche de la table lumineuse. À l'aide d'un pinceau, créez un mouvement en faisant graduellement bouger le sable sur la surface.

L'animation de sable vous permet d'expérimenter toutes sortes d'effets abstraits comme celui-ci. Vous pouvez ainsi interpréter un poème en images, ou illustrer votre morceau de musique favori.

Empreintes manuelles

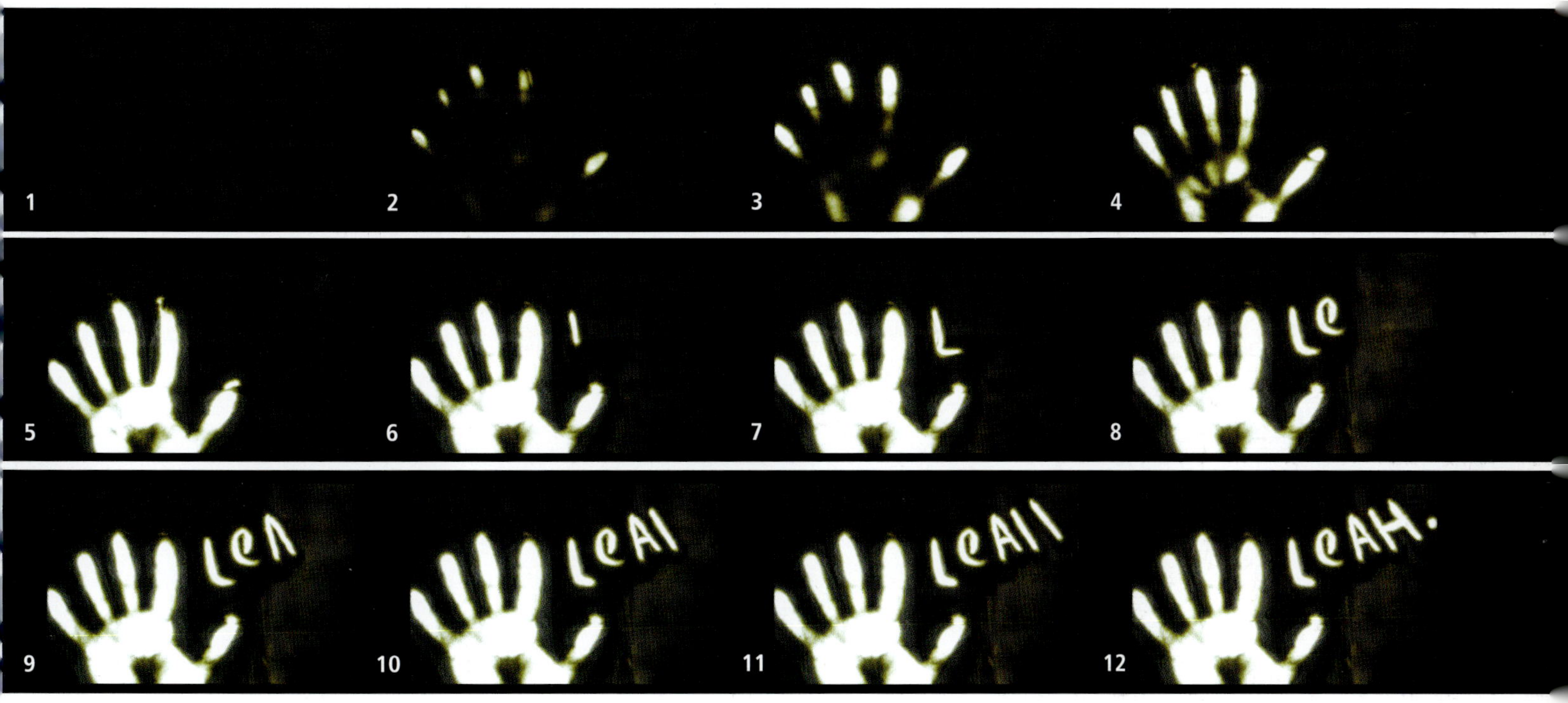

Voilà une expérience très amusante pour les plus jeunes. Étalez une épaisse couche de sable sur la table lumineuse. Vous obtenez une image complètement noire à l'écran. Posez votre main sur le sable, et prenez une image de l'empreinte. Répétez six fois l'expérience, en augmentant légèrement la pression à chaque fois. L'animation des images va faire apparaître les changements subtils de l'empreinte : l'image de la main devient de plus en plus claire et définie. On peut terminer la séquence en écrivant son nom progressivement, lettre par lettre.

Animation de **pâte à modeler**

Ce chapitre ouvre notre série de projets consacrés à l'animation en volume, qui met en scène des objets et des personnages en trois dimensions. Comme son nom l'indique, l'animation de pâte à modeler utilise de la pâte à modeler ou de la plasticine pour créer des personnages colorés et amusants.

En créant un personnage, pensez à ses émotions ou à ses traits de caractère particuliers. Ici, la colère du personnage est perçue grâce à ses yeux fermés, sa bouche ouverte et ses bras écartés.

Outils du projet

- plateau pour animation en volume (voir p. 20) ;
- pâte à modeler ou plasticine (commencez par quatre boîtes de couleurs différentes) ;
- lingettes nettoyantes (pour les mains) ;
- instruments de sculpture en plastique ou en bois (ou bien un crayon et un cure-dents) ;
- petites billes blanches en verre ou en plastique, pour figurer les yeux (sinon des boutons de chemise ou des haricots secs)

Stockage

Pour éviter que la pâte ne sèche en stock, il est conseillé de l'envelopper dans du film plastique. Séparez les différentes couleurs et rangez le tout dans une boîte en plastique aisément accessible. Surtout, récupérez le moindre morceau de pâte une fois la séquence terminée : il pourrait coller à la caméra, aux câbles, ou à vos chaussures.

Créer un personnage basique

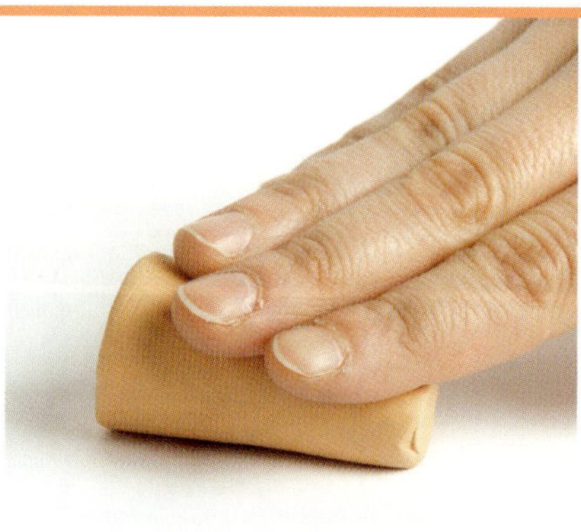

1 Réchauffez la pâte entre les paumes de vos mains pour la ramollir, et pétrissez-la quelques minutes.

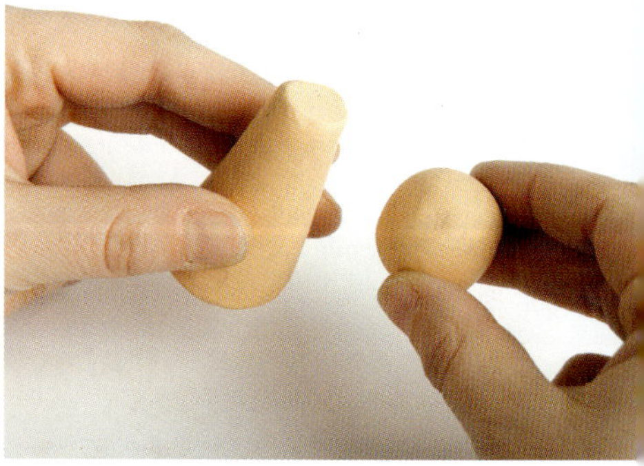

2 Roulez la pâte (d'une seule couleur) pour obtenir des formes simples : ici, une boule et un cône.

Même forme, autre personnage

Une fois la technique de base assimilée, vous pouvez ajouter des détails particuliers pour rendre votre personnage unique. Ces quatre figurines (à droite) ont été créées à partir de la même forme de base.

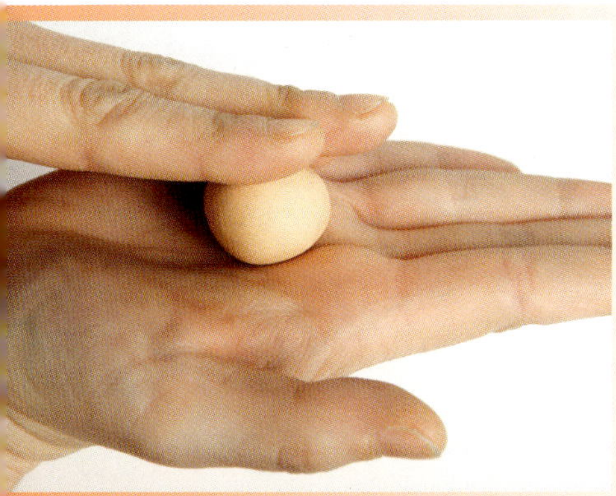

Travailler la pâte

La pâte fraîchement sortie de la boîte est généralement dure et friable. Il faut la malaxer un moment pour lui donner de la souplesse. Cela peut prendre un peu de temps, mais la pâte réagira nettement mieux aux manipulations devant la caméra si vous l'avez bien travaillée au préalable.

À SAVOIR

Pour commencer, achetez de la pâte à modeler dans un magasin de jouets. Bon marché, non toxique, elle ne tache ni les vêtements ni les mains. Ensuite, vous pourrez passer à la pâte à modeler professionnelle (boutiques de fournitures pour artistes).

3 Pressez doucement les deux morceaux l'un contre l'autre. Avec votre doigt, étalez délicatement la pâte sur la jointure pour la dissimuler.

4 On aplanit les marques de doigt ou les irrégularités avec une lingette antiseptique jetable.

5 Gravez un visage élémentaire (un trait pour la bouche, deux trous pour les yeux), à l'aide d'un crayon de papier par exemple.

Comment animer la pâte à modeler

Il existe deux méthodes fondamentales pour animer de la pâte à modeler.

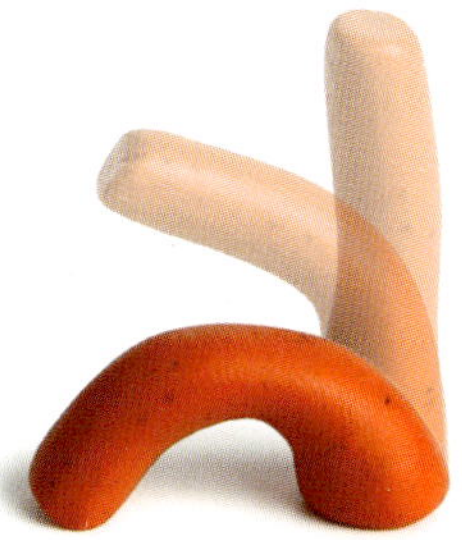

De pose à pose

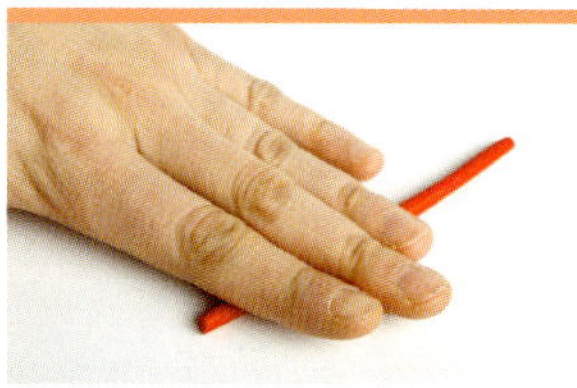

1 Réchauffez la pâte entre vos mains, puis roulez un cylindre (environ 5 mm ∅ et 2,5 cm L). Mettez le reste de côté au cas où vous auriez besoin de créer une forme de substitution.

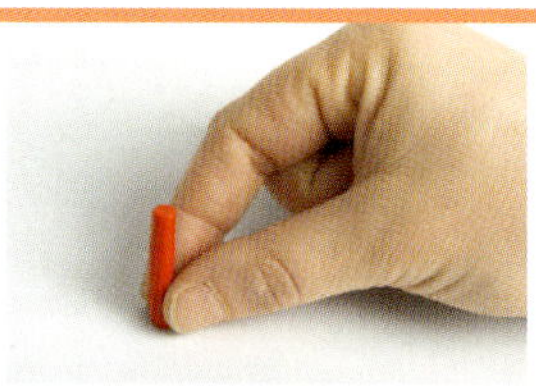

2 Placez le cylindre devant la caméra, à gauche du cadre. Capturez 25 images.

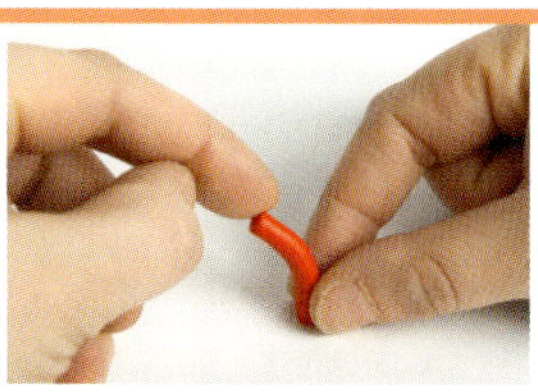

3 Tenez solidement la base du cylindre d'une main, et de l'autre, commencez à légèrement courber le haut. Capturez 2 images.

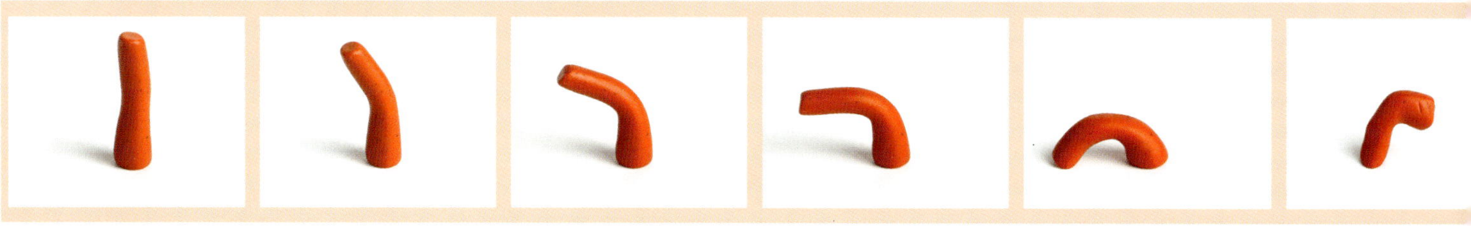

Par substitution

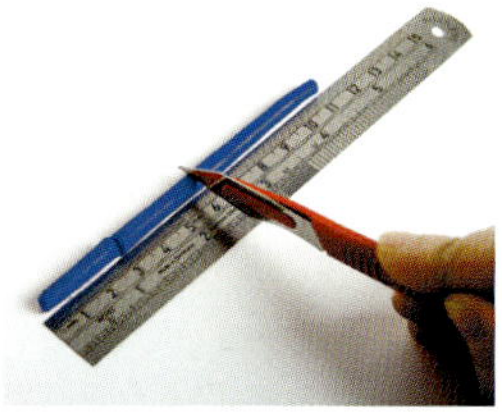

1 Réchauffez la plasticine dans vos mains, puis roulez un cylindre d'au moins 17 cm de long. Conservez un diamètre constant sur toute la longueur du cylindre. Mesurez cinq longueurs de 2,5 cm chacune, coupez-les au cutter, et débarrassez-vous des extrémités pointues.

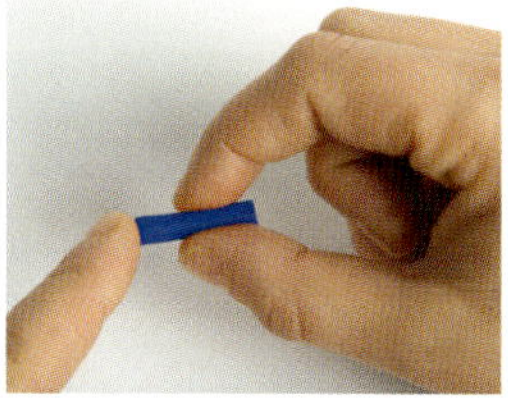

2 Travaillez délicatement les extrémités de chaque cylindre afin qu'ils aient exactement la même longueur.

3 Courbez successivement de plus en plus chacun des cinq cylindres (voir à gauche).

4 Placez la première forme devant la caméra à gauche du cadre. Capturez 25 images. Retirez délicatement le cylindre vertical et mettez à sa place le deuxième cylindre, à peine courbé.

5 Veillez à poser la deuxième forme exactement au même endroit que la première. C'est l'occasion d'utiliser la fonction « pelure d'oignon » si votre logiciel de capture d'image en est pourvu. Capturez 2 images.

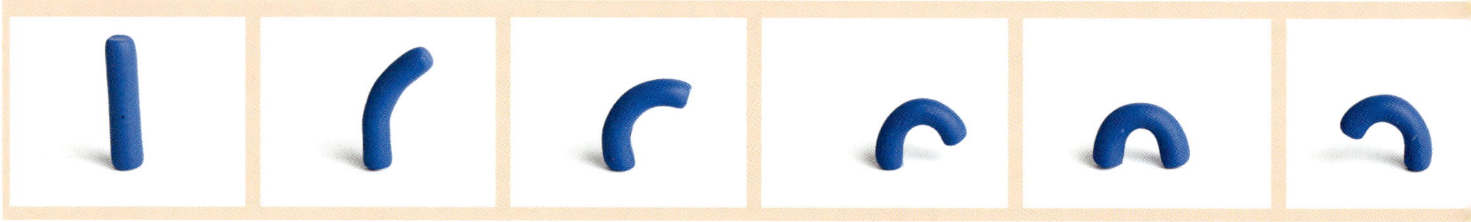

On filme successivement les formes 1 à 5, puis 4 à 1 : le cylindre semble « marcher » à travers le cadre.

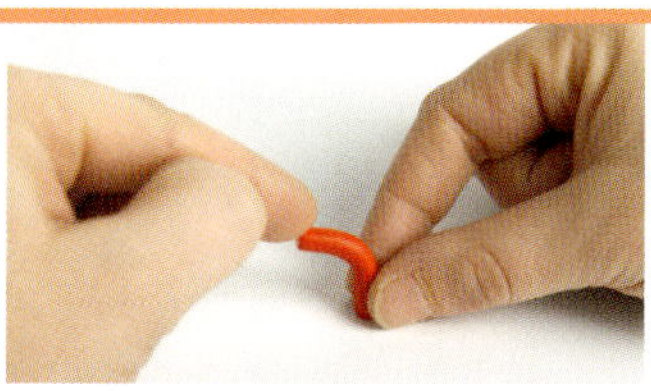

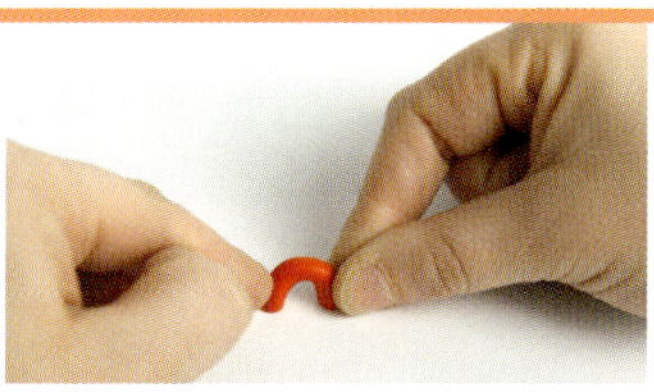

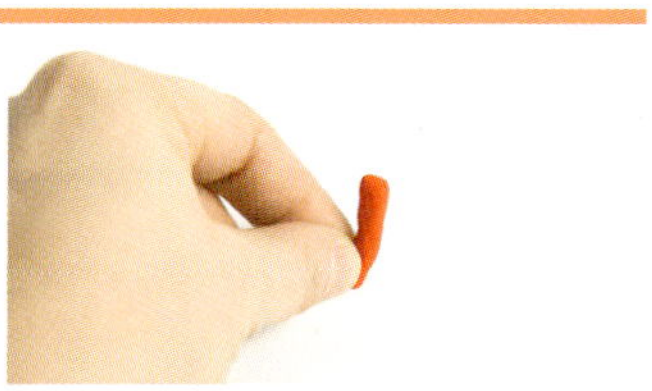

4 Maintenez la base, courbez un peu plus le cylindre. Capturez 2 images.

5 Continuez progressivement à courber et à prendre des images comme dans les étapes précédentes, jusqu'à ce que le haut touche la surface de la table. Capturez 4 images.

6 Décollez la base du cylindre et relevez-la légèrement. Capturez 2 images. Continuez comme précédemment, jusqu'à ce que le cylindre soit à nouveau vertical (si besoin, pressez la base contre la table).

7 Reprenez les étapes 3 à 6 jusqu'à ce que le cylindre ait voyagé d'un bout à l'autre du cadre (voir la séquence entière ci-dessous).

Détérioration

Une fois l'exercice terminé, comparez le cylindre que vous avez utilisé avec celui que vous aviez mis de côté. Toutes ces courbures ont extrêmement ramolli la pâte. C'est un phénomène inévitable. Plus la conception du personnage et l'action qu'il effectue seront complexes, plus vite la figurine se dégradera. Pour garder la fraîcheur initiale de la pâte, on a recours à l'animation par substitution (ci-dessous).

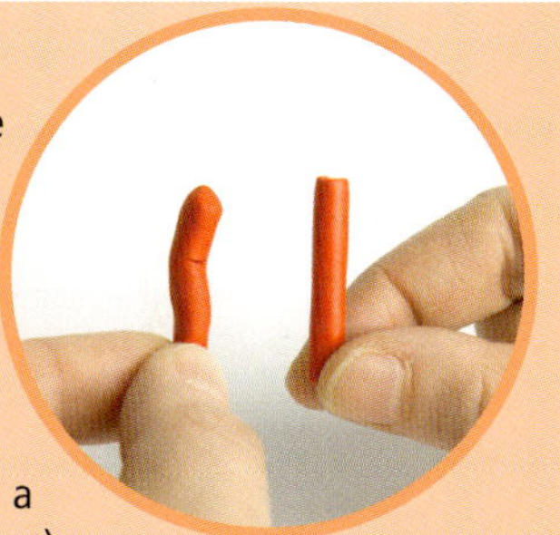

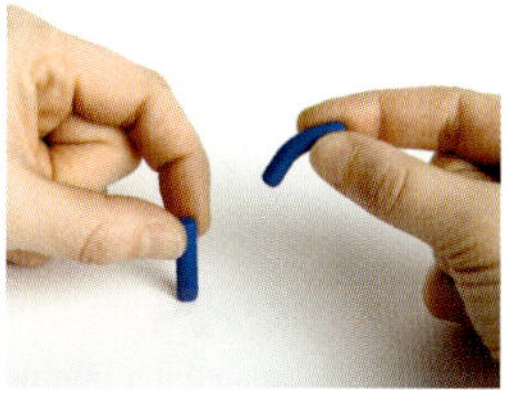

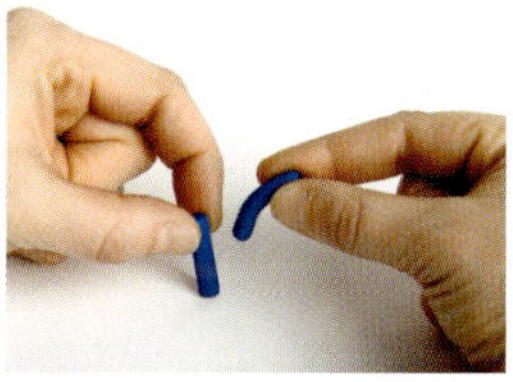

6 Retirez la deuxième forme et remplacez-la par la troisième, encore plus courbée. Capturez 2 images.

7 Continuez la manœuvre en passant de la forme 3 à la 4, puis de la 4 à la 5. Les deux extrémités de cette dernière sont censées toucher la table (comme vous pouvez le voir sur la photo de l'étape 3).

8 Réutilisez les formes de 4 à 1 pour remettre le cylindre à la verticale. Retirez la 5 et remplacez-la par la 4 en inversant sa position : l'extrémité droite reste collée à la table et l'extrémité gauche se redresse légèrement.

9 Continuez à remplacer les formes successivement jusqu'à ce que le cylindre soit à nouveau vertical et ait atteint l'autre bout du cadre.

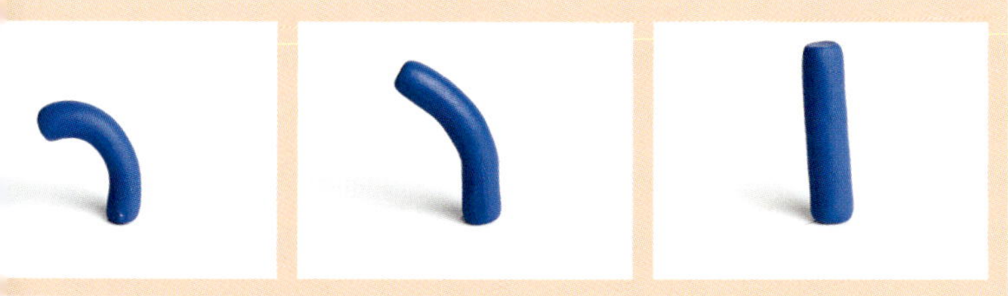

Quelle méthode choisir ?

En comparant les deux séquences, on remarque que la pâte à modeler ne donne pas le même rendu. Lorsqu'on utilise le même cylindre à chaque image, le rendu est plus organique et vivant, mais aussi un peu tremblotant et grossier. La suite de formes se substituant l'une à l'autre est plus fluide et nette, mais un peu mécanique.

La technique de la pâte à modeler

L'animateur doit garder trois règles d'or à l'esprit pour rendre efficaces ses personnages en pâte à modeler.

Ce personnage n'est qu'un tas de pâte tout juste agrémenté d'une paire d'yeux, mais il est amusant à animer, et surtout facile à recréer quand la pâte s'est détériorée.

Règle d'or n° 1 : Des personnages aux formes simples

Mieux vaut songer à la stabilité d'un personnage plutôt qu'à son allure. Des figurines grandes et minces se détériorent vite, et des formes trop élaborées et détaillées ont tendance à s'affaisser au moindre contact. Optez pour des formes simples, solidement ancrées à la table : elles durent plus longtemps et sont plus faciles à animer. Des formes simples ne limitent en aucune façon l'imagination.

Puisque les cygnes se déplacent en flottant, animer celui-ci est enfantin : il suffit de le pousser sur une surface bleue.

Règle d'or n° 2 : Des mouvements élémentaires

Vos personnages ne pourront jamais se mouvoir de façon aussi réaliste que des êtres vivants. Cependant, quelques gestes simples mais bien choisis suffisent à insuffler de la personnalité à vos figurines. Dès leur conception, envisager un ou deux mouvements de base.

Cet éléphant est fabriqué pour n'exécuter qu'un seul geste : dérouler sa trompe.

Règle d'or n° 3 : Prévoir des formes de substitution

Créez des éléments en double si possible (voir l'animation par substitution p. 36). D'une image à l'autre, remplacer certains éléments permet de mieux contrôler votre animation et de passer moins de temps à remodeler les formes devant la caméra. Des éléments de substitution donnent un mouvement plus fluide, moins saccadé.

Pour la tortue de la séquence ci-dessous, nous avons créé un corps sur lequel nous appliquons successivement différentes têtes, pattes et queues.

Des formes de substitution plus complexes

Les formes de substitution peuvent être simples (voir pp 36 et 37) ou plus élaborées, comme cet ours patineur. Lorsque les formes successives du mouvement vous semblent parfaites, reproduisez-les avec de la pâte polymère, que l'on peut faire cuire (et durcir) dans un four ordinaire.

Chacun de ces ours polaires est une figurine de pâte polymère durcie au four.

Anatomie d'un personnage à éléments de substitution

Cette image montre en détail quels éléments de la tortue sont remplaçables. La tête et le cou peuvent ainsi sortir de la carapace pour jeter un œil aux alentours. On change les pattes à chaque image pour simuler une marche lente. On peut faire remuer la queue en cadence avec les mouvements de la tête.

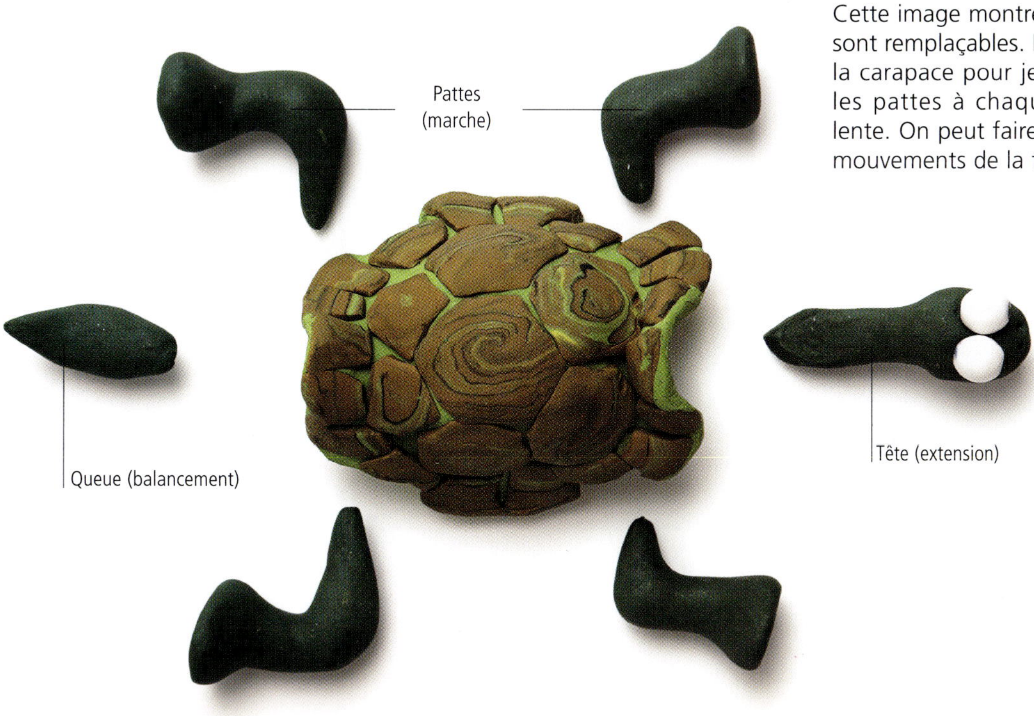

À SAVOIR

La fonction « pelure d'oignon » des logiciels de capture, qui montre en transparence l'image précédente, permet de positionner correctement les éléments de substitution d'une image à l'autre.

La pâte à modeler à l'écran

Les séquences suivantes décomposent les déplacements subtils des figurines de pâte à modeler à travers le cadre. La pâte à modeler donne des résultats très expressifs avec un minimum d'efforts. Elle a un aspect si engageant que même les situations les plus simples attisent l'intérêt du spectateur.

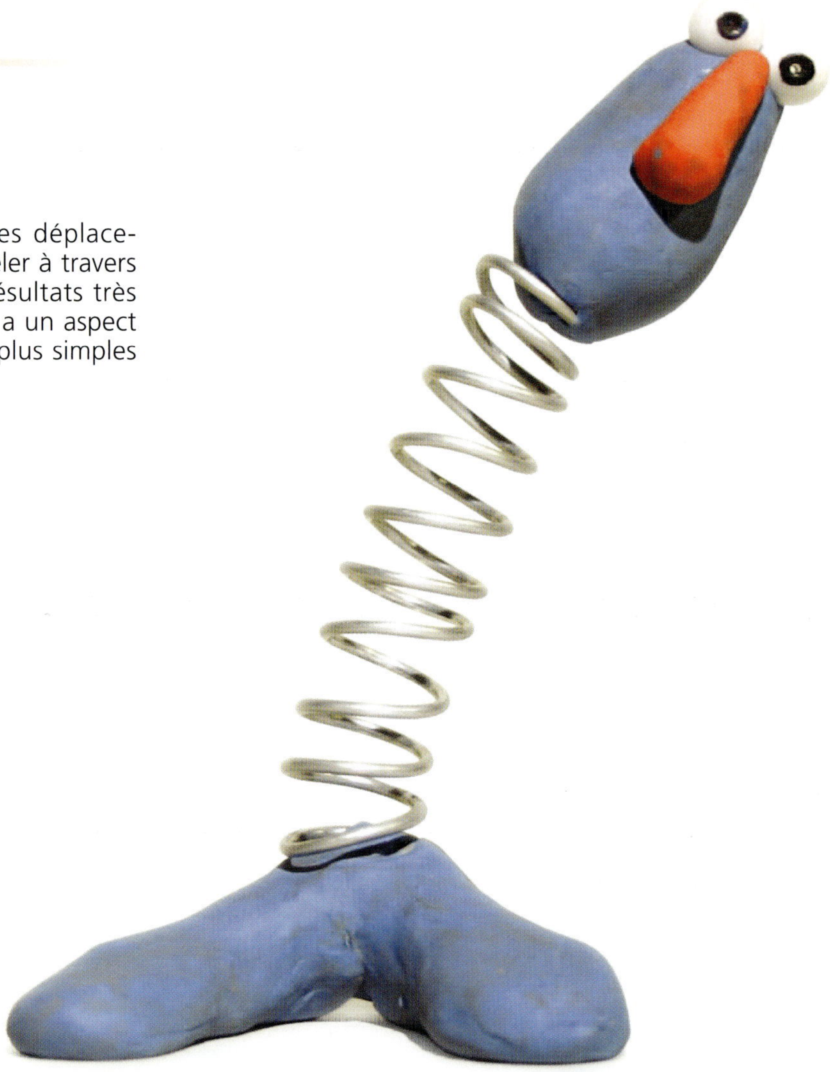

Tout est dans le regard

Certaines figurines très élémentaires n'ont qu'un éventail de mouvements limité. Elles peuvent toutefois s'avérer très expressives grâce à de simples astuces. Ce petit bonhomme n'a qu'un œil et deux pattes, mais lui faire suivre la balle de l'œil et regarder le spectateur au début et à la fin de la séquence suffit à lui donner une personnalité amusante.

Boooïïingggg

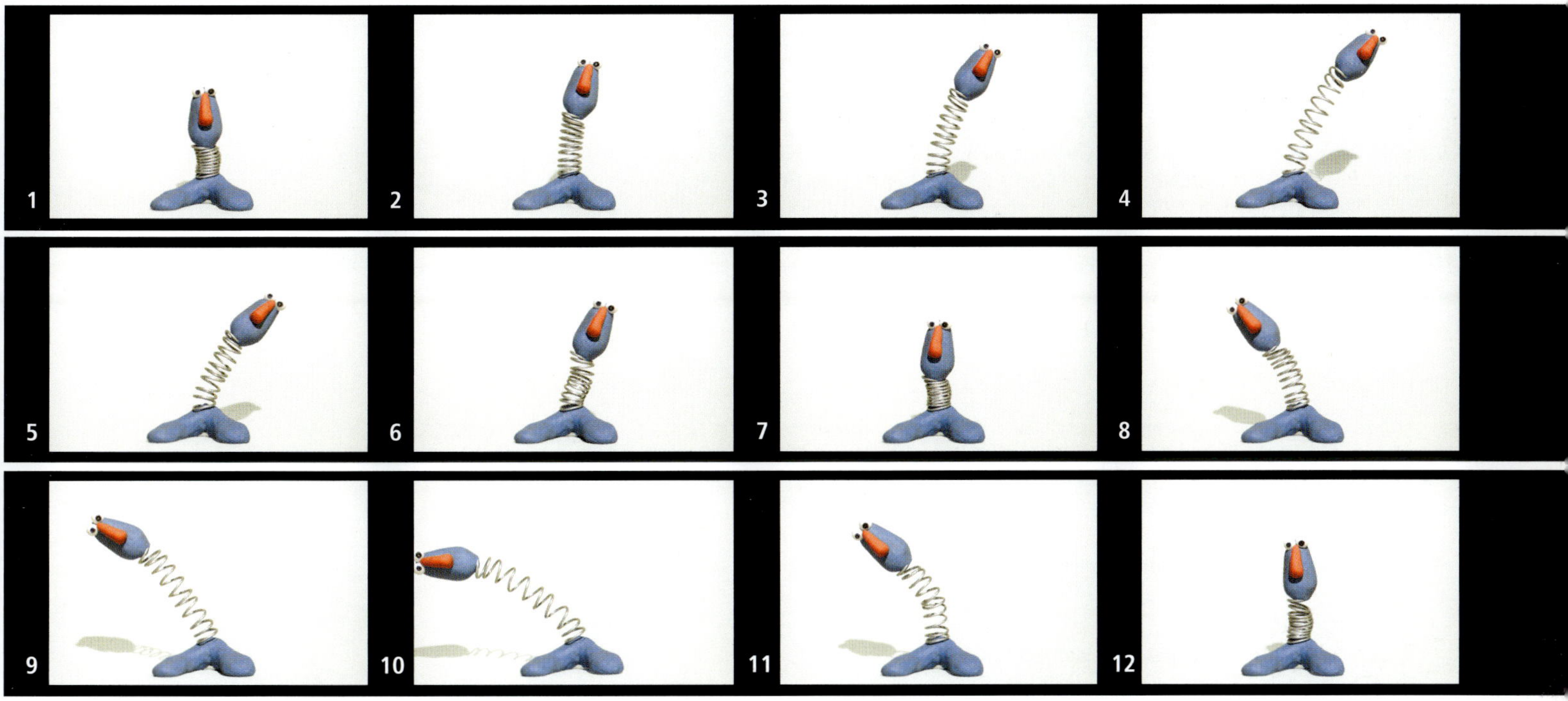

Ajouter d'autres matériaux à la pâte à modeler peut donner des résultats inventifs et surprenants. Le « ressort » qui forme le cou de cette créature est en fait un fil d'aluminium torsadé. Ses mouvements sont limités, mais réalistes : on croirait presque entendre le bruit du ressort.

Reptation

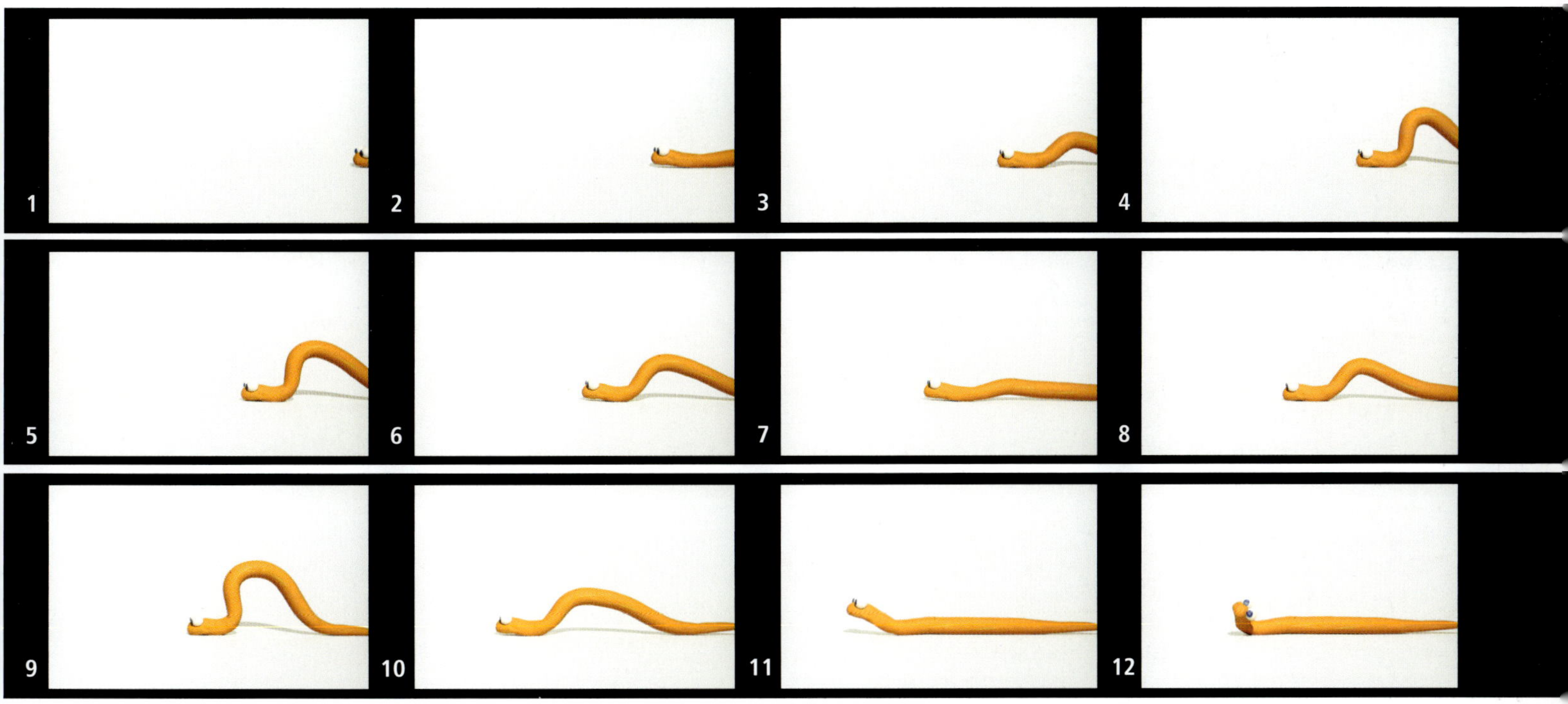

Prenons un exemple de mouvement et décomposons-le. Ce ver n'est qu'un rouleau de pâte agrémenté de billes blanches en guise d'yeux. On le déplace en poussant sa partie arrière en avant et vers le haut, durant quelques images. Puis, on fait glisser la tête en avant jusqu'à ce que le corps soit à nouveau allongé au sol, et on recommence.

Animation de **papier découpé**

Une des méthodes les plus simples pour animer un personnage consiste par exemple à fabriquer une marionnette articulée à l'aide de papier découpé. On anime le personnage en le déplaçant progressivement, et en enregistrant une image à chaque déplacement. Si cette méthode vous plaît, vous pouvez l'améliorer en combinant manipulation et éléments de substitution (voir p. 50 et 51).

Outils du projet

- plateau pour dessin animé (p. 18) ;
- papier blanc pour croquis ;
- crayon et feutres ;
- papier de bricolage blanc, rigide (pas de carton) ;
- feutre noir ;
- chatterton ;
- ciseaux de taille moyenne ;
- aiguille, fil et dé à coudre ;
- pâte à coller ;
- grand morceau de papier coloré pour l'arrière-plan.

Fabriquer une caméra multiplane

La caméra multiplane, inventée en 1933 au sein des studios Disney, est généralement utilisée pour l'animation sur cellulo. Mais elle permet aussi de filmer plusieurs sujets en papier découpé sur différents niveaux : les personnages peuvent ainsi passer l'un devant l'autre. Pour la fabriquer, il faut deux plaques Plexiglas et quatre petites planches de bois ou d'aggloméré (5 x 10 cm), coupées en fonction de la largeur des Plexiglas. Posez deux planches à plat sur votre banc-titre, puis placez dessus la première plaque Plexiglas pour former une table rudimentaire. Posez les deux autres planches sur la plaque, exactement au-dessus des deux premières (le Plexiglas est « pris en sandwich »). Enfin, posez la deuxième plaque Plexiglas sur les deux planches. Vous pourrez ainsi facilement faire glisser des personnages au premier plan et à l'arrière-plan (voir photo ci-dessus).

À SAVOIR

- Terminer votre séquence avant d'aller vous coucher. La nuit, même en intérieur, la baisse de température peut provoquer un très léger déplacement de la caméra, et ainsi gâcher toute la séquence.
- Avant chaque tournage, lavez-vous les mains au savon pour ne pas tacher vos figurines.

Créer une marionnette de papier

1 Commencez par quelques croquis rapides du personnage, au crayon. Définissez ses caractéristiques : est-il jeune, vieux, gentil, méchant ? Ces détails vous inspireront son physique et la façon de l'animer.

SYSTÈME D

Si vous êtes allergique au dessin, les pages 116 et 117 vous offrent différents modèles. Décalquez le sujet de votre choix, ou scannez-le et imprimez-le. Puis suivez les instructions données pour chaque modèle. Une autre méthode pour éviter de dessiner consiste à découper des images dans des magazines, puis à les retailler sous forme de marionnette en suivant les instructions de cette page.

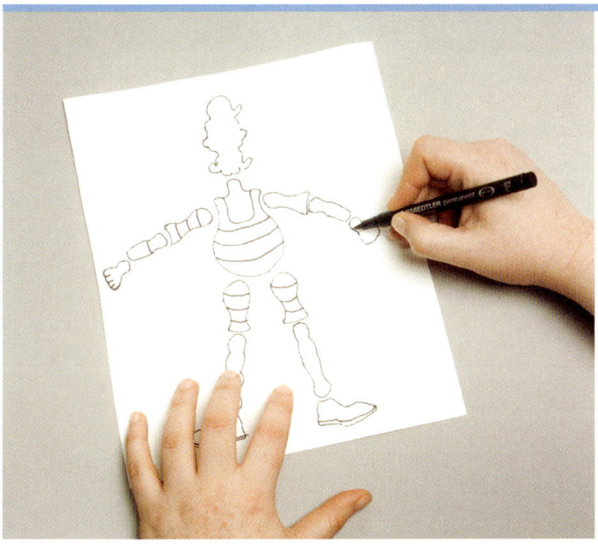

2 À partir du croquis, dessinez au crayon le modèle de la marionnette sur le papier de bricolage, en séparant chaque partie articulée (voir photo). Ajoutez des détails, tels que les traits du visage ou les rayures du tricot de corps. Faites les jambes et les bras un peu plus longs car les articulations en feront disparaître une partie (vous pouvez photocopier ou décalquer le modèle p. 116 pour servir de référence).

3 Lorsque le dessin vous convient, repassez les traits au feutre noir.

4 Colorez la marionnette avec le reste des feutres. Utilisez des couleurs vives et fortes pour souligner les détails.

5 Retournez le papier de bricolage et couvrez le verso de chatterton sur toute sa surface, pour consolider la marionnette.

6 Votre modèle de base doit ressembler à ceci. Notez que les extrémités des bras et des jambes sont arrondies, ce qui permet une articulation plus libre et un meilleur résultat à l'écran.

7 Découpez avec soin chaque morceau, en vous servant du contour noir comme guide.

8 Assemblez la marionnette sur une surface plane. Choisissez comment superposer les parties : ici, le haut de la cuisse fonctionne mieux s'il passe derrière le torse, mais le bas doit recouvrir le haut du mollet.

9 Le véritable assemblage commence. On attache d'abord le torse avec les cuisses. Placez les cuisses derrière le torse, et faites passer l'aiguille et le fil à travers les deux couches de papier renforcé, en piquant par le dessous au centre de l'articulation.

10 Faites un second trou juste à côté du premier et passez le fil dedans. Retournez la marionnette et faites un triple nœud avec le fil (pas trop serré pour ne pas raidir l'articulation).

11 Écourtez le fil et collez les extrémités avec de petits bouts d'adhésif, pour éviter qu'elles apparaissent au verso pendant le tournage.

12 Assemblez le reste de la marionnette selon la même méthode, hormis la tête (elle reste détachée afin de profiter d'une plus grande liberté de mouvement). Faites des essais avec la marionnette avant le tournage proprement dit, et découvrez les positions et les mouvements dont elle est capable. Pour réaliser la séquence décrite à la page suivante, vous devez dessiner un accessoire supplémentaire : un haltère.

À SAVOIR

Les marionnettes de papier sont fragiles et se cornent facilement. Quand vous ne les utilisez pas, rangez-les dans des enveloppes étiquetées à leur nom, entre les pages d'un gros livre.

Le saut du lapin

Cette marionnette est conçue pour effectuer un mouvement de base : le saut. Afin de rendre ce saut convaincant, nous avons décomposé la patte arrière en trois parties : la hanche, le jarret et le pied. Ce lapin est donc doté d'un gros arrière-train et de puissantes pattes arrière, dont les trois parties se plient l'une sur l'autre. Le lapin doit avoir l'air mignon et pas trop réaliste. Aussi, nous avons opté ici pour un trait simple et sympathique, typique des dessins animés.

1 Au verso du lapin, posez de petits morceaux de pâte à coller au bout des oreilles, sur les pattes avant et arrière et sur le nez. Placez le lapin en position de repos à gauche du cadre, et appuyez sur les pattes et les oreilles pour les coller à la surface.

2 Relevez progressivement les oreilles du lapin en 5 images, et capturez chaque étape en vitesse 2s : le lapin a entendu quelque chose.

6 La patte arrière peut maintenant quitter le sol et s'étirer vers l'arrière. La patte avant se replie sous le torse.

7 Le lapin est en milieu de saut : son corps est étiré au maximum, il est en position horizontale, presque parallèle au sol.

3 Sur les 5 images suivantes, rentrez graduellement la tête du lapin, aussi près que possible du corps, tout en rabaissant ses oreilles vers l'arrière.

4 En commençant par la tête, dirigez la partie supérieure du corps vers le haut et légèrement à droite, en 3 images.

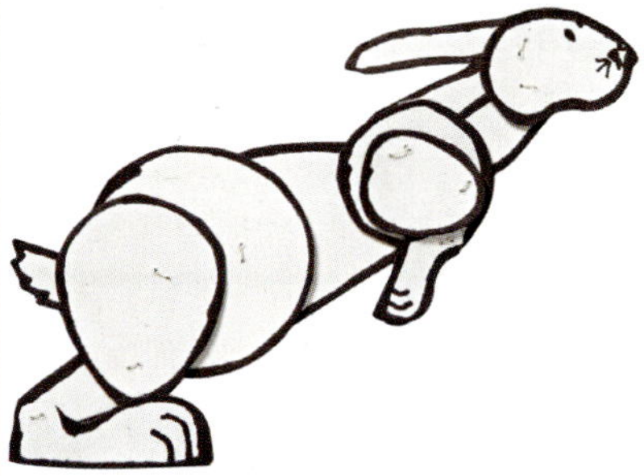

5 Sans déplacer la partie inférieure de la patte, étirez le torse et dépliez la partie supérieure de la patte autant que possible. Capturez 2 images.

8 La patte avant doit se plier lorsque le lapin touche le sol. Tout de suite après, l'arrière-train se replie également.

9 En général, un objet tombe toujours plus vite qu'il ne décolle ; il faut donc capturer moins d'images de la chute. L'avant du corps doit être plus bas que l'arrière, le pied et le jarret de la patte arrière se glissent sous la hanche.

10 Quand le corps a retrouvé le sol, les oreilles se redressent rapidement, en 3 images. En même temps, on remonte légèrement la poitrine du lapin tout en rabaissant son arrière-train. Le voilà dans une position similaire à l'image de départ, ce qui rend faisable une animation en boucle (voir le glossaire p. 124) au stade du montage.

Autres techniques de papier découpé

Une fois familiarisé au principe de base du papier découpé, vous pouvez essayer différentes techniques avec divers matériaux. Voici quelques exemples pour commencer.

« Ombres chinoises »

Découpez des silhouettes dans du papier noir, puis découpez au cutter diverses formes. Collez au verso de ces « trous » des morceaux de cellophane de couleur. Cousez ensuite les articulations avec du fil (voir p. 45). Si vous filmez la séquence sur une table lumineuse (voir p. 28), la marionnette paraîtra comme phosphorescente. Cette technique est souvent utilisée pour les contes de fées.

Éléments de substitution

Animation par substitution

Faites un croquis d'un mouvement décomposé, comme ci-dessus, un gros poisson qui ouvre la bouche, sur une séquence de trois dessins. Coloriez et découpez chaque dessin (sans oublier au préalable de doubler le papier au chatterton). Puis filmez les éléments comme indiqué ci-dessous, en remplaçant un élément par le suivant à chaque prise de vue.

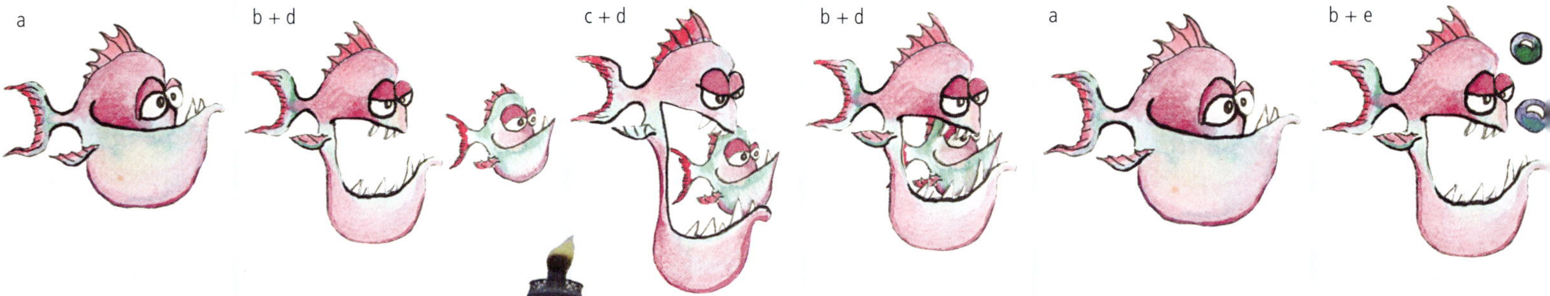

Autoportrait

À l'aide d'un appareil photo numérique, faites-vous prendre en photo sur un fond contrasté. Téléchargez la photo sur votre ordinateur et imprimez-la. Trouvez une photo de corps dans un magazine ou un journal (super-héros, célébrité, personnage historique). Doublez la tête et le corps au chatterton, puis découpez-les. Ensuite, assemblez la tête et le corps et mettez en scène le personnage. Pour aller plus loin, prenez plusieurs photos de votre visage, sous différents angles et avec des expressions variées. Elles vous serviront d'éléments de substitution d'une image à l'autre.

Disques et vertèbres

Une rangée de ronds découpés donne un corps de serpent, de ver ou de mille-pattes qui peut se mouvoir de façon très fluide et réaliste.
On peut également utiliser cette technique pour une partie du corps, sur d'autres animaux (cou de girafe, trompe d'éléphant).

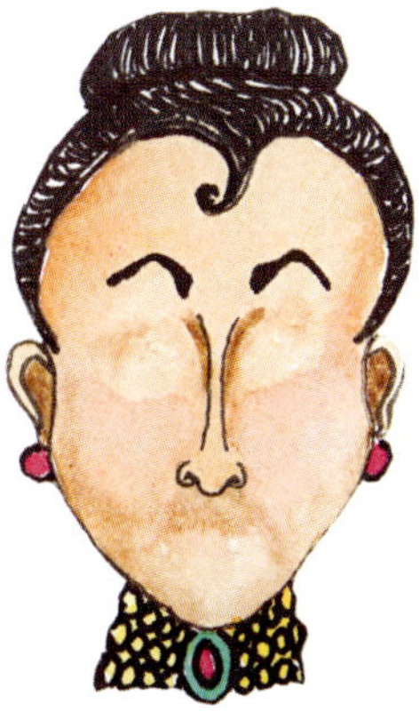

Découpez le visage sans yeux ni bouche.

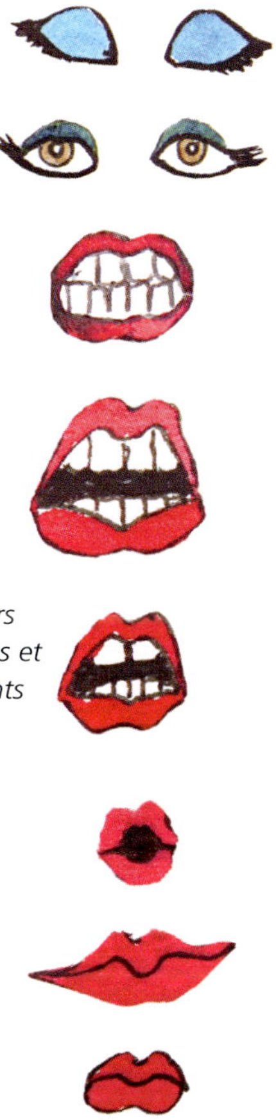

Créez plusieurs bouches et différents yeux.

Posez des yeux et une bouche sur le visage, selon des combinaisons variées.

Modifier la position des yeux par rapport aux sourcils change l'expression du personnage.

Animer un visage

Dessinez un visage simple en omettant les yeux et la bouche. Puis dessinez séparément différentes sortes d'yeux et de bouches (ouverts, fermés, et autres variations), et découpez tous les éléments. Vous pouvez alors créer différentes expressions en déplaçant ou en substituant les éléments du visage d'une image à l'autre. Vous pouvez même essayer de synchroniser les mouvements de la bouche avec un éventuel dialogue enregistré.

Quand les beaux-arts prennent vie

1 Choisissez un portrait, de préférence avec une expression faciale bien visible. Imprimer un document Internet peut être une bonne solution. Il vous faut deux exemplaires. Doublez les deux impressions au chatterton. En vous guidant sur l'interstice entre les lèvres inférieure et supérieure, découpez la mâchoire inférieure sur une des images. Dessinez une rangée de dents sur du papier blanc, découpez-la et collez-la sur un petit morceau de papier noir.

2 Toujours en vous référant à l'interstice entre les lèvres inférieure et supérieure, découpez la forme d'une bouche ouverte sur la seconde image. Gardez à portée de main la mâchoire découpée. Vous pouvez coller deux ronds de papier blanc sur les yeux, pour y animer les pupilles plus tard (avec deux ronds noirs plus petits).

3 Collez les dents dans la bouche ouverte et placez la mâchoire inférieure par dessus la bouche. En bougeant la mâchoire de haut en bas, vous ferez « parler » le personnage à la manière d'un pantin de ventriloque. Vous pouvez aussi contrôler le regard du personnage en bougeant les pupilles.

Mâchoire découpée

Le papier découpé à l'écran

Voici plusieurs séquences tirées de divers courts métrages animés, décomposées image par image. Chaque séquence comporte 12 images : si on capture 2 images à chaque mouvement de la marionnette, la séquence durera une seconde. Il est conseillé de capturer 50 fois la première image, ainsi le spectateur assimile le contexte avant que le mouvement démarre. Ce début immobile ajoute deux précieuses secondes à la durée du film.

Oiseau en vol

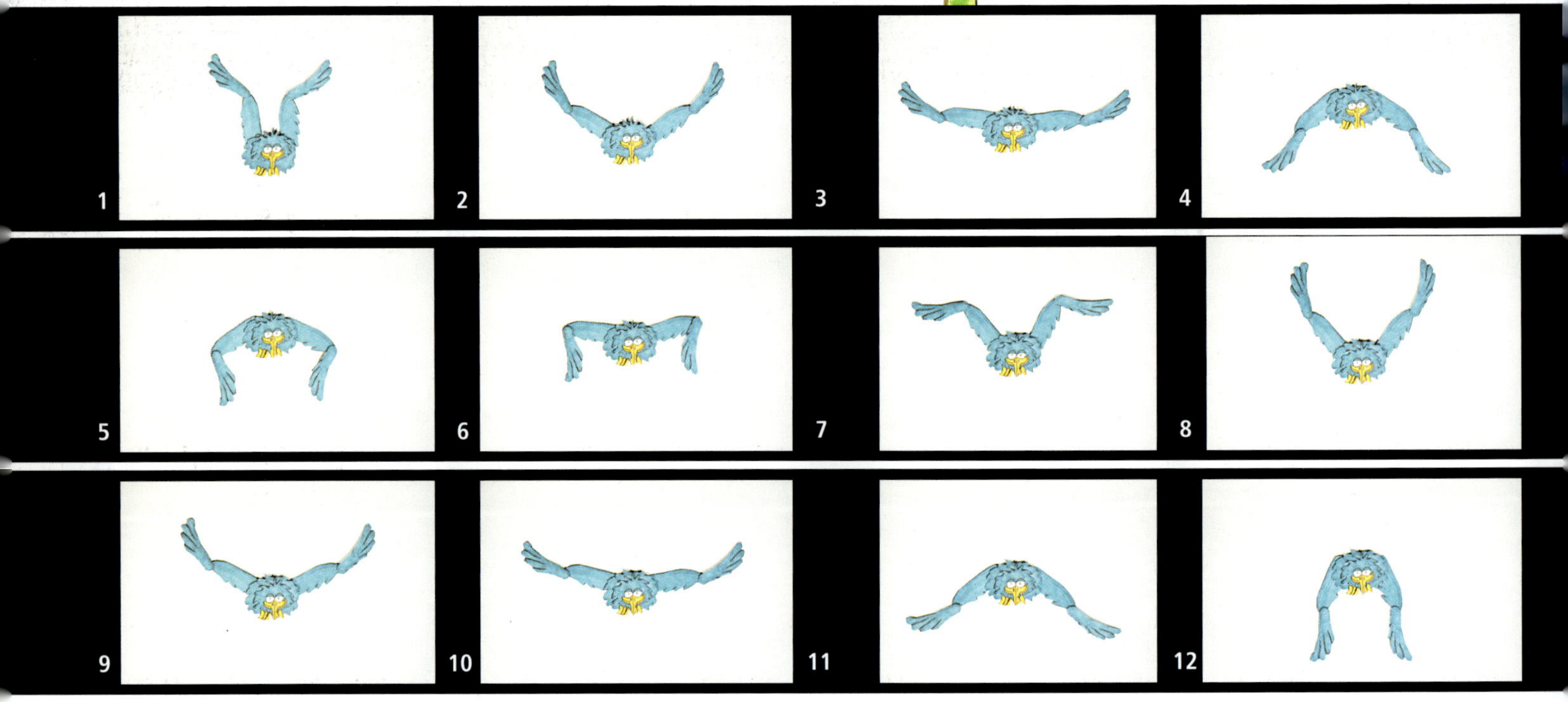

Cette séquence illustre une animation en boucle, technique consistant à répéter une séquence de façon cyclique (voir le glossaire page 124). Nous avons réalisé ce simple pantin en suivant la méthode exposée p. 43 à 45 : l'oiseau a quatre articulations, deux par aile.

Fleur

Créer une séquence animée en complétant progressivement un dessin est un bon exercice pour le débutant. Ici, le seul élément véritablement animé est la tige, qui semble grandir (en fait, on la pousse progressivement dans le cadre). La fleur « s'épanouit » en ajoutant un à un ses éléments sur le dessin (feuilles, centre, pétale).

Haltérophile

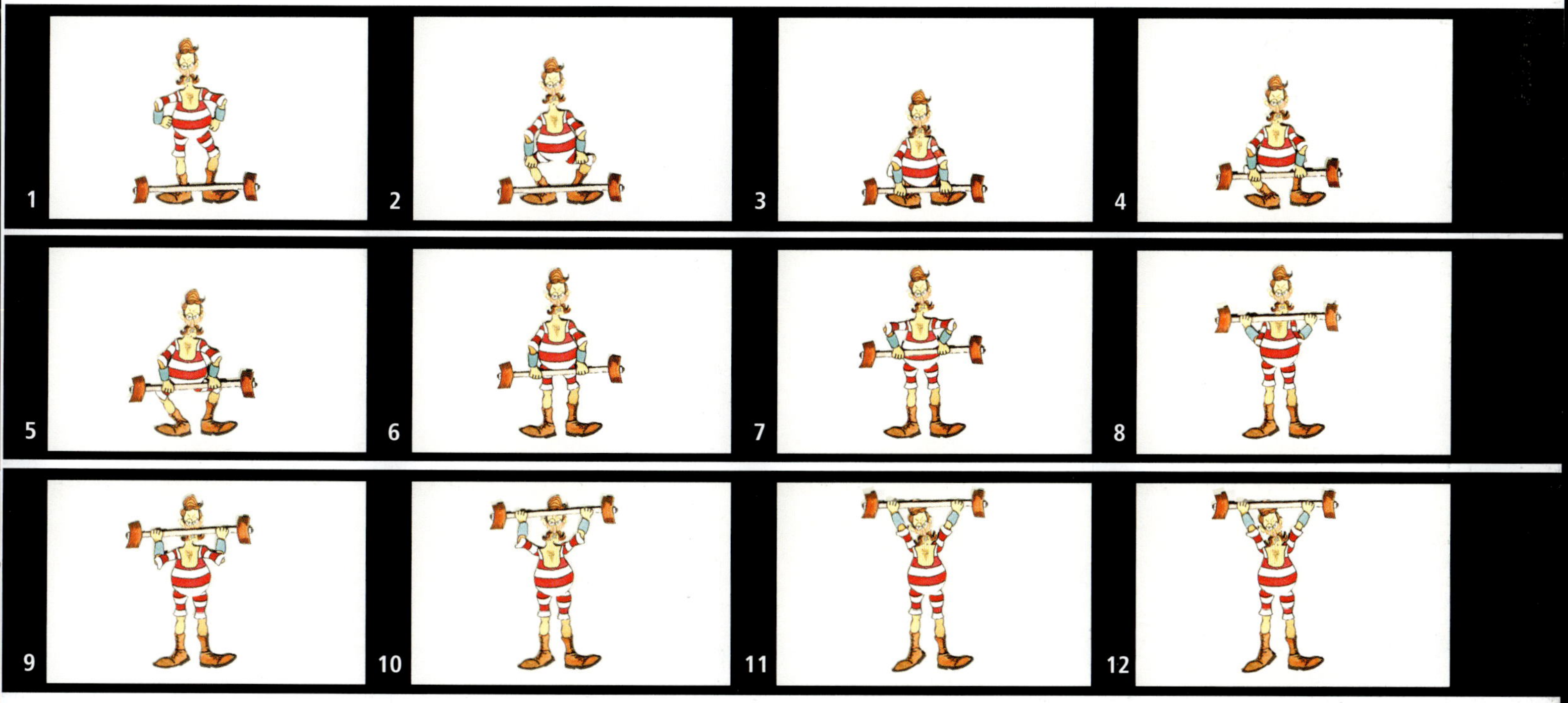

L'oiseau en vol et la fleur qui pousse sont à la fois rapides à fabriquer et à animer. Une séquence un peu plus ambitieuse, comme l'animation de l'haltérophile des pages 42 à 47, demande plus de temps. Avec l'expérience, on essaie de créer des personnages en sachant à l'avance leur fonction, leurs mouvements. Cet haltérophile, par exemple, ne songe à rien d'autre que soulever son haltère.

Animation d'objets réels

De petits jouets et des objets décoratifs aux couleurs vives peuvent être les sujets de charmantes scènes.

L'animation d'objets réels (jouets, nourriture, ou même vraies personnes – technique appelée « pixilation ») est une technique créative et amusante. Il faut tout d'abord mettre de côté les objets susceptibles de faire de bon sujet. Faites vos premières expériences avec des objets plats : pièces de monnaie, bonbons, allumettes. Ensuite, une fois la technique assimilée, tout est possible. Variez les couleurs et les textures des objets, mais ne fabriquez pas d'assemblage complexe (ce travail sera exploré dans le chapitre consacré à la *stop-motion*).

Animer des objets simples

1 Disposez vos objets sous l'objectif. Avant de tourner, n'oubliez pas de régler soigneusement le point pour obtenir une image la plus nette possible. Ajustez l'éclairage, la balance des blancs, le focus (voir p. 15).

2 En vitesse 2s, capturez entre 60 et 70 fois l'image de départ (sans bouger aucun des éléments), afin de créer une pause en début de film à l'intention du spectateur. Commencez l'animation en déplaçant légèrement la fleur orange, capturez 2 images. Continuez à déplacer petit à petit la fleur vers le bas, selon une ligne verticale, en capturant 2 images à chaque mouvement.

3 En visualisant la séquence à vitesse réelle, vous verrez la fleur orange quitter sa position de départ et descendre en bas du cadre. Si vous l'avez déplacée avec de grands mouvements, le changement de position est rapide, en quelques images seulement. Si vous avez effectué de petits mouvements, en prenant de nombreuses images, le déplacement est plus lent.

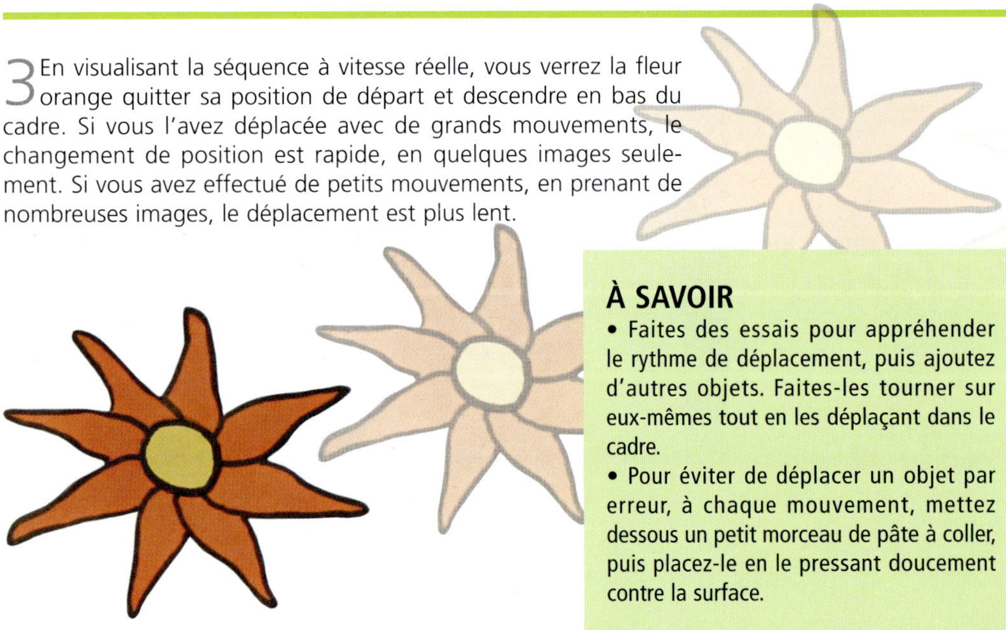

À SAVOIR

• Faites des essais pour appréhender le rythme de déplacement, puis ajoutez d'autres objets. Faites-les tourner sur eux-mêmes tout en les déplaçant dans le cadre.

• Pour éviter de déplacer un objet par erreur, à chaque mouvement, mettez dessous un petit morceau de pâte à coller, puis placez-le en le pressant doucement contre la surface.

Outils du projet

- d'abord un plateau pour dessin animé (voir p. 18), puis un plateau pour animation en volume (p. 20), selon vos progrès ;
- une collection d'objets à animer, ou des amis courageux pour la pixilation ;
- un grand rouleau de papier coloré pour l'arrière-plan ;
- pâte à coller ;
- chatterton ;
- cadre de bois et plaque de plexiglas ;
- pièce de tissu avec un trou de la taille d'un visage ;
- carton ;
- ruban Velcro à face collante ;
- perceuse ;
- petit morceau carré de bois aggloméré ;
- brochette en bois ;
- colle à bois.

Drôles de têtes

À l'aide d'un simple cadre de photographie, vous pouvez animer le visage d'un être humain image par image. Il faut un cadre avec une plaque en Plexiglas, ou une autre marque de polyméthacrylate de méthyle, mais pas une plaque en verre. Fixez solidement la plaque au cadre avec du chatterton.

1 L'acteur s'allonge au sol et passe son visage par le trou d'un morceau de tissu. Sur la photo (tout à droite), le tissu est noir, mais vous pouvez choisir une autre couleur.

2 Posez le cadre sur un objet solide placé au-dessus de la tête de l'acteur (idéalement, une table basse ou un repose-pied). La plaque doit être au moins à 10 cm du visage. Abaissez délicatement le cadre jusqu'à poser sa partie inférieure sur la poitrine de l'acteur.

3 Avec la caméra posée sur le poteau du banc-titre, au-dessus de la tête de l'acteur, cadrez l'image.

4 Posez des objets sur la plaque, et animez-les en les déplaçant d'un bout à l'autre du cadre.

À SAVOIR
- L'acteur ne doit pas avoir de problème de dos, il doit savoir qu'il restera ainsi allongé pendant un long moment.
- Ne braquez pas les lampes directement sur le visage de l'acteur.
- Prévoyez de nombreux coussins pour soutenir le dos et la nuque de l'acteur. Laissez-lui le temps de trouver la posture la plus confortable.

AUTRES EXEMPLES

On a obtenu cette image en disposant des fruits et des légumes taillés en quartiers sur la plaque, au-dessus du visage de l'acteur, avec le retour caméra pour guide.

Avec du papier découpé, l'effet est garanti. Ici, les pupilles sont de petits ronds de papier noir que l'on peut déplacer latéralement.

On peut également déplacer les sourcils, ou substituer une bouche avec une autre pour varier les expressions ou créer un tout autre personnage.

Il est même possible de mettre en scène un personnage en pied (évidemment disproportionné), à l'aide d'une marionnette articulée en papier découpé (voir p. 42 à 45). Le cas échéant, la plaque de plexiglas et le cadre sont superflus : posez simplement la marionnette sur la poitrine de l'acteur, qui, en changeant d'expression faciale, pourra vraiment donner vie au personnage.

Glissez un morceau de carton rigide entre le tissu et la poitrine de l'acteur pour obtenir une surface plane sur laquelle animer la marionnette. Vous pouvez ajouter d'autres objets au fur et à mesure (un chapeau, un sac), en les fixant au tissu par du Velcro.

Comment animer des objets réels

La simple mise en mouvement d'objets ou de dessins inanimés est amusante et satisfaisante. Mais au cours de votre apprentissage, vous développerez l'envie d'expérimenter des effets plus complexes, de mettre en scène des situations précises. Après avoir donné une personnalité à vos objets et du sens à leurs déplacements, vous apprendrez deux principes fondamentaux de l'animation d'objets réels : le rythme et l'interprétation.

Suivez le guide

Lorsqu'une séquence animée met en scène un ensemble d'objets se déplaçant dans tous les sens, sans but, le spectateur se lasse. En revanche, en focalisant ces objets sur le même objectif, ou en exprimant une relation entre eux, la scène devient compréhensible, plausible. Par exemple, augmenter ou réduire la vitesse de déplacement des objets donne du tonus à une scène abstraite.

1 Sur un fond neutre, disposez une vingtaine de bonbons dans le coin inférieur gauche du cadre. Chaque bonbon est fixé avec de la pâte à coller, ou coupé en deux, latéralement, pour être posé à plat. Capturez 50 fois l'image sans rien déplacer.

2 Ensuite, en 50 prises de vue, arrangez progressivement les bonbons afin qu'ils pointent tous dans la même direction.

3 Sur les 20 prises de vue suivantes, un bonbon est déplacé vers le coin supérieur droit, il est le « guide » des autres (sur la photo, le bonbon violet). Les autres bonbons forment progressivement une sorte de triangle derrière le guide.

C'est qui, ça ?

Le spectateur aura plus de facilité à suivre une séquence si les objets animés « interprètent » l'action. Par exemple, suggérer une relation entre deux objets inanimés donne de la substance à l'histoire. L'objet est une extension de l'animateur, c'est pourquoi ce dernier doit apprendre à développer son « jeu d'acteur ».

1 Placez deux lampes d'une telle façon qu'elles semblent se « regarder ».

2 En 10 images, tournez les « têtes » des lampes de sorte qu'elles regardent hors du cadre, à gauche.

3 Sur les 25 prises de vue suivantes, faites apparaître progressivement une balle dans le coin inférieur gauche du cadre. La balle continue sa course à travers le cadre, et les lampes suivent son mouvement de la « tête ».

En animation, n'importe quel objet peut devenir expressif en lui insufflant un « jeu d'acteur ».

4 Puis, en 25 prises de vue, commencez à déployer les bonbons : les quatre ou cinq premiers doivent bouger plus vite que ceux qui les suivent.

5 Lorsque le bonbon violet atteint le haut du cadre, décrivez le virage des autres bonbons suivant une courbe ample.

6 Sur 15 prises de vue, accentuez la courbe alors que les derniers bonbons rejoignent le reste du groupe.

7 Sur les 10 prises de vue, rassemblez tous les bonbons à l'arrière du bonbon de tête (le violet), dans le coin supérieur droit.

8 Formez un groupe serré avec les bonbons pendant 50 images, en bougeant très légèrement chacun d'entre eux à chaque image (cela crée un effet de « fourmillement » à vitesse réelle). Puis, commencez à les faire retourner vers leur point de départ. Doublez la distance parcourue à chaque image, afin qu'ils reviennent en deux fois moins de temps.

4 Capturez 20 images sans mouvement. Puis, en seulement 10 images, tournez les têtes des lampes l'une en face de l'autre. Faites une pause de 50 images. Vous pouvez aussi, pendant ce temps, déplacer légèrement la balle.

5 Tournez à nouveau les têtes des lampes, en même temps, l'espace de 10 images, pour qu'elles regardent la balle. Capturez 20 images sans bouger ni les lampes, ni la balle.

6 Puis la balle reprend sa traversée du cadre, suivie des yeux par les deux lampes (décomposez le mouvement en 100 images au moins). Pour créer un effet comique, lorsque la balle est située entre les deux lampes, capturez 50 fois l'image des trois éléments sans les bouger.

7 Sur les 100 à 150 prises de vue suivantes, déplacez la balle vers la droite du cadre, puis faites-la sortir du cadre. Les lampes suivent toujours son mouvement.

8 Capturez 40 fois l'image des lampes immobiles qui regardent dans la direction où la balle a disparu. Enfin, l'espace de 60 images, retournez lentement les lampes afin qu'elles regardent la caméra. Capturez 60 images sans rien bouger.

La fleur

1 Placez deux acteurs l'un en face de l'autre. Ils devront garder leurs bras et leurs jambes dans la même position pendant presque toute la séquence, aussi leur faut-il trouver une pose confortable. Juste avant de capturer la première image, ils relèvent un pied.

2 D'une image à l'autre, chaque acteur fait un petit pas vers l'autre et ils relèvent toujours le même pied juste avant la capture d'image. À vitesse réelle, ils paraîtront glisser sur le sol, comme des patineurs.

3 Poursuivez la manœuvre jusqu'à ce que les acteurs soient à environ à 30 cm de distance, au milieu du cadre. Le nombre d'images capturées déterminera la vitesse et la durée de la séquence. Nous vous suggérons 60 images sur ce mouvement (un peu plus de 2 secondes).

À SAVOIR

Répétez le mouvement avec les acteurs. Il faut qu'ils sachent précisément ce que vous avez en tête. Montrez-leur le mouvement plusieurs fois, et posez des marques au sol si nécessaire.

4 Les personnages baissent leur pied (10 images au moins), et restent debout (50 images, soit 2 secondes). L'acteur qui tient la fleur doit la garder bien visible, et non la cacher derrière lui.

5 Sur les 25 images suivantes (1 seconde), l'acteur amène progressivement la fleur vers le milieu du cadre. Puis les deux acteurs restent immobiles sur 25 images, avec une expression neutre.

6 Ensuite, durant 20 images, l'actrice, en forçant le jeu, réagit lentement et avec joie à la vue de la fleur. Pendant ce temps, l'acteur se met lentement à sourire.

7 L'actrice tend lentement sa main vers la fleur et s'en saisit (au moins 50 images). Les deux acteurs essaient de rester complètement immobiles à l'exception de ce petit geste.

8 Une fois que l'actrice tient la fleur, vous pouvez soit faire partir les deux acteurs dans la direction opposée et quitter le cadre, soit monter la même séquence à l'envers et ainsi en doubler la durée.

Les objets réels animés à l'écran

Utiliser des objets déjà existants est très pratique pour s'entraîner à saisir le rythme de l'animation. Une fois les bases de la préparation et de la mise en scène assimilées, vous pouvez développer vos compétences en animation et votre créativité narrative.

La course

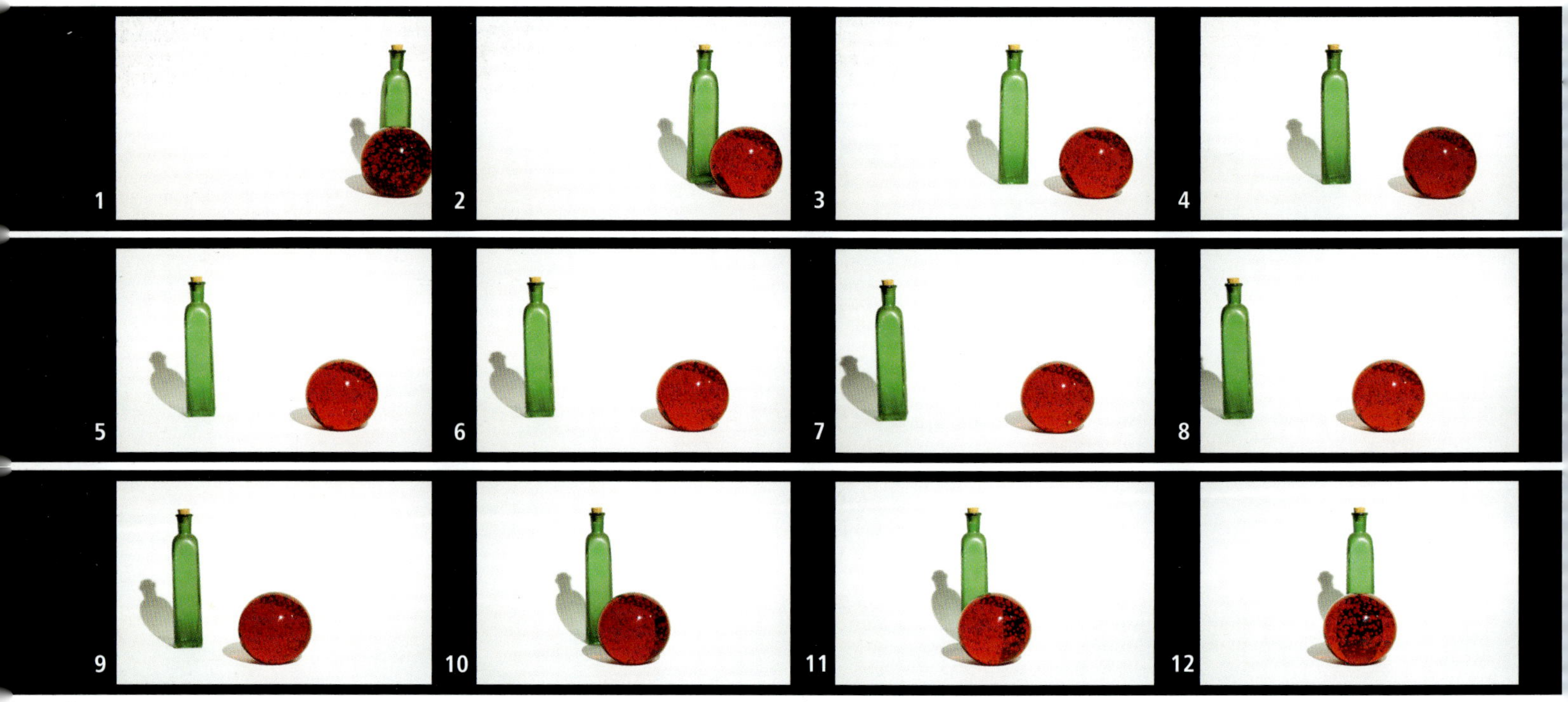

Cette séquence rudimentaire est avant tout un exercice de rythme. La bouteille et la balle occupent au départ la même position, à droite du cadre. On les déplace à chaque prise de vue, mais à chaque fois la bouteille va deux fois plus loin que la balle. Ainsi, en 20 captures d'image, la bouteille traverse tout le cadre, alors que la balle n'en atteint que le milieu.

Fleur et vase

Cette séquence est un exemple d'animation simple mais efficace. La fleur entre dans le cadre à droite et, en 20 images, elle traverse le cadre et se retrouve dans le vase. Le vase ne bouge pas du tout. Même si l'action est rudimentaire, la fleur se voit dotée d'une personnalité, avec un but.

Il y a quelqu'un ?

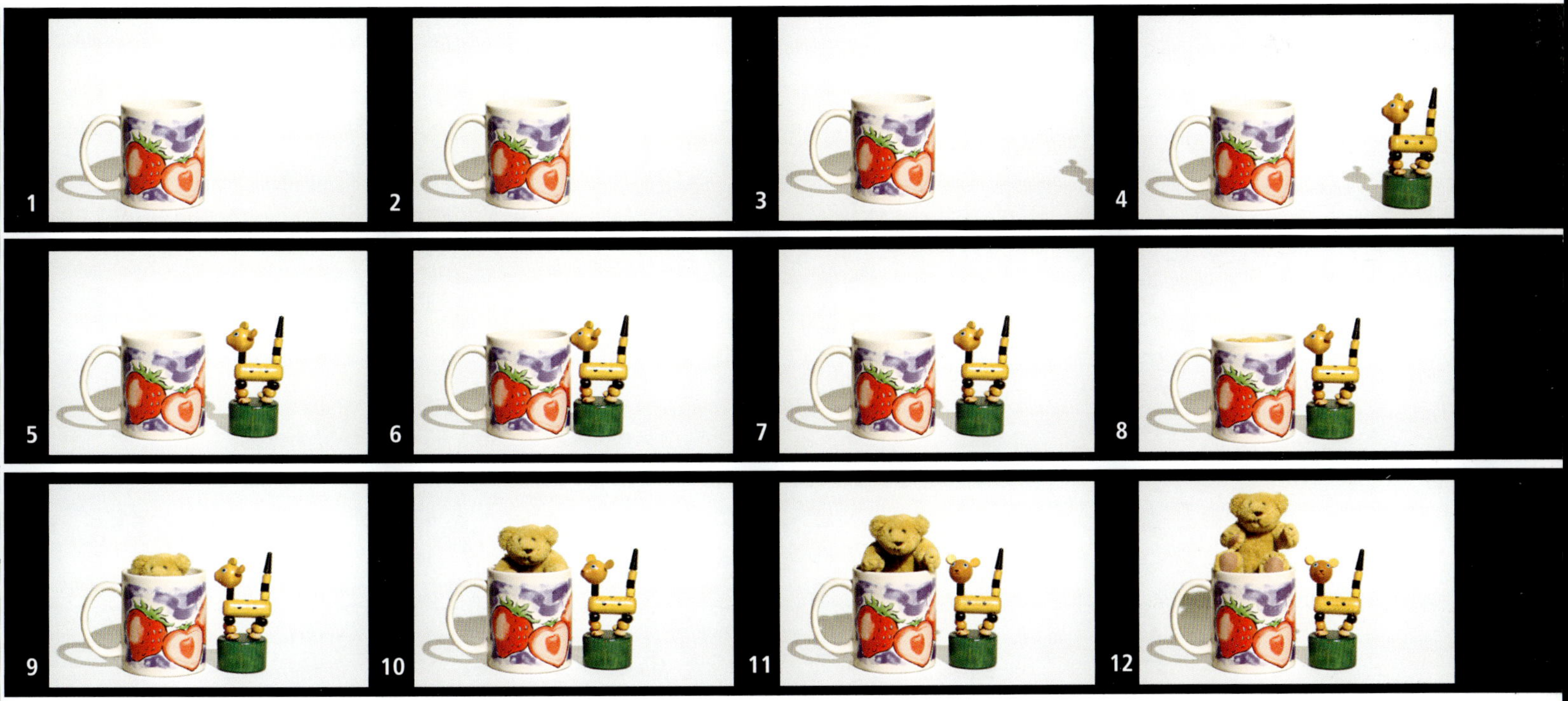

Une séquence mettant en scène de petits jouets peut s'avérer charmante. Ici, la girafe en bois heurte la tasse avec son nez, et l'ours surgit. La difficulté sera lors du bruitage en postproduction : il faudra synchroniser correctement les « toc-toc » avec l'action de la girafe.

Dessin animé traditionnel

Faire du dessin animé, c'est essentiellement créer, juste avec un papier et un crayon, des formes qui bougent (voir page 11). Une séquence de dessin animé filmée avec une caméra (comme celle de la fleur au bas de cette page) n'est rien de plus qu'un folioscope amélioré. On place les dessins sur le banc-titre, on les cadre avec la caméra. Puis les images issues de la caméra sont enregistrées sur l'ordinateur, on les met dans le bon ordre et on les fait défiler à 25 images/seconde. Avant de commencer les exercices des pages 66 et 67, il faut maîtriser deux éléments : la reliure et le format d'image.

Outils nécessaires

- papier à lettre blanc ;
- graticule (voir le glossaire) ;
- règle à tenons et perforeuse ;
- bande adhésive ;
- crayon, taille-crayon et gomme ;
- règle ;
- feutres ;
- plateau de tournage pour dessin animé (voir p. 18) ;
- table lumineuse (voir p. 29).

La reliure

En dessin animé, il est primordial que tous les dessins soient correctement reliés les uns aux autres. Ils doivent être en ordre et positionnés exactement. Cela concerne deux étapes de la production : d'une part, lors de la création des dessins ; d'autre part, durant leur animation devant la caméra.

Règle à tenons
L'outil qu'utilisent les animateurs pour relier les dessins est la règle à tenons, également appelée barre à tenons, règle à ergots, barre à ergots, ou plus fréquemment *peg bar* de son nom anglais. C'est une règle plate en plastique, équipée de trois tenons. Celui du milieu est rond, et ceux des extrémités sont carrés. Pour percer les trous adéquats dans les feuilles, il est donc nécessaire d'utiliser une perforeuse réservée aux professionnels de l'animation, à un prix prohibitif. Heureusement, la firme Chromacolour a mis en vente une règle à tenons ne comportant que deux tenons dont l'espacement correspond à celui d'une perforeuse de bureau ordinaire. C'est là la meilleure solution pour un animateur débutant au budget restreint.

Dans cette séquence, le niveau du sol ne bouge pas, seule la fleur grandit. Sans une bonne reliure, le sol pourrait changer brusquement de niveau et l'effet d'animation serait gâché.

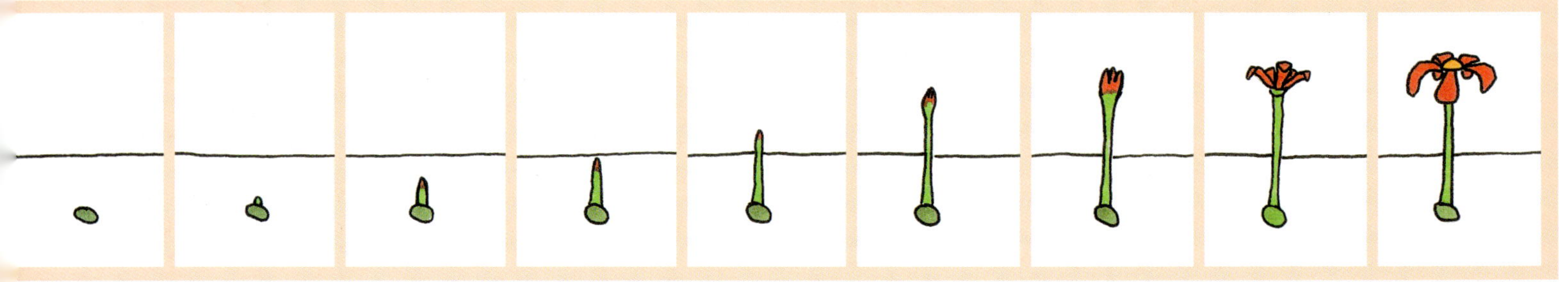

Le format d'image

L'autre élément important du dessin animé, c'est la taille et la forme de l'image capturée. La caméra capture une image à un format proportionnel à celui d'une télévision ou d'un écran d'ordinateur. Cela peut compliquer les choses, puisque de nos jours il existe deux formats courants disponibles sur la plupart des caméras : le 16/9 (format d'une télévision à écran large ou d'un écran d'ordinateur) et le 4/3 (format standard pour les télévisions et les vieux moniteurs). Comme la plupart des viseurs de caméscopes donnent une image en 16/9, ce livre prend pour exemple des images capturées en 16/9. Assurez-vous donc de régler votre caméra en fonction.

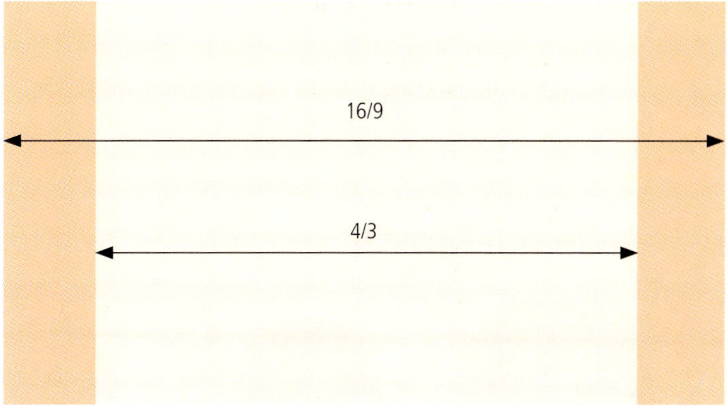

Combiner règle à tenons et table lumineuse pour faire du dessin animé

Dès le stade des premiers dessins, utilisez à la fois la règle à tenons et la table lumineuse. Vos feuilles doivent être accrochées à la règle lorsque vous dessinez, c'est le meilleur moyen de garantir la continuité d'un dessin à l'autre. Utilisez entre trois et quatre feuilles à la fois : la table lumineuse vous permet de voir par transparence vos dessins précédents afin d'ajuster la position de chaque élément. Collez la règle à la table lumineuse avec de la bande adhésive. Placez le premier dessin sur la règle et capturez l'image. Retirez le dessin, placez le dessin suivant, capturez, et ainsi de suite… Tous les dessins de la séquence sont ainsi capturés dans l'ordinateur.

1 Trouez vos feuilles et le graticule avec une perforeuse à deux trous. Collez une règle à deux tenons sur la plaque de la table lumineuse, puis placez le graticule sur les tenons.

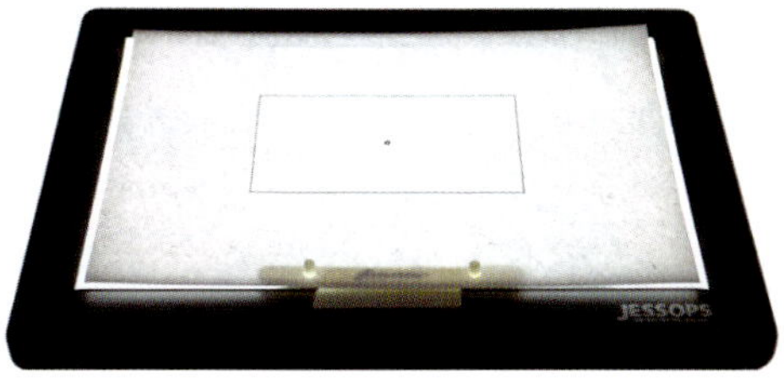

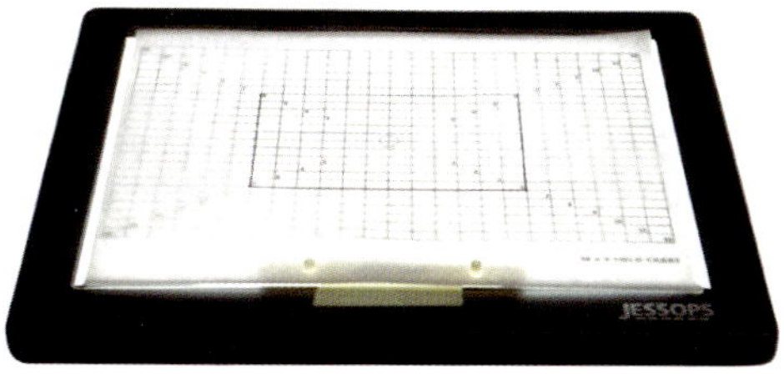

2 Posez une feuille de papier sur le graticule et choisissez le format d'image qui vous convient le mieux. Décalquez doucement le cadre du graticule sur la feuille, au crayon et à la règle.

3 Retirez la feuille et le graticule de la règle. Rangez le graticule. Puis reposez la feuille avec le cadre dessiné sur la règle, et placez une nouvelle feuille dessus. Vous pouvez voir en transparence le cadre tracé, et ainsi positionner votre dessin dans ce cadre, sur cette feuille. Vous ferez de même avec les suivantes. N'oubliez pas de numéroter chaque nouvelle feuille en bas, à droite.

Le dessin animé à l'écran

Le dessin animé revient presque à filmer un simple folioscope. Tout ce que vous savez dessiner, vous pouvez l'animer (et ce que vous ne savez pas dessiner, vous pouvez le décalquer ou le découper). Voici quelques thèmes qui peuvent vous inspirer des dessins animés pleins de mouvement et d'énergie.

Emmener son crayon en balade

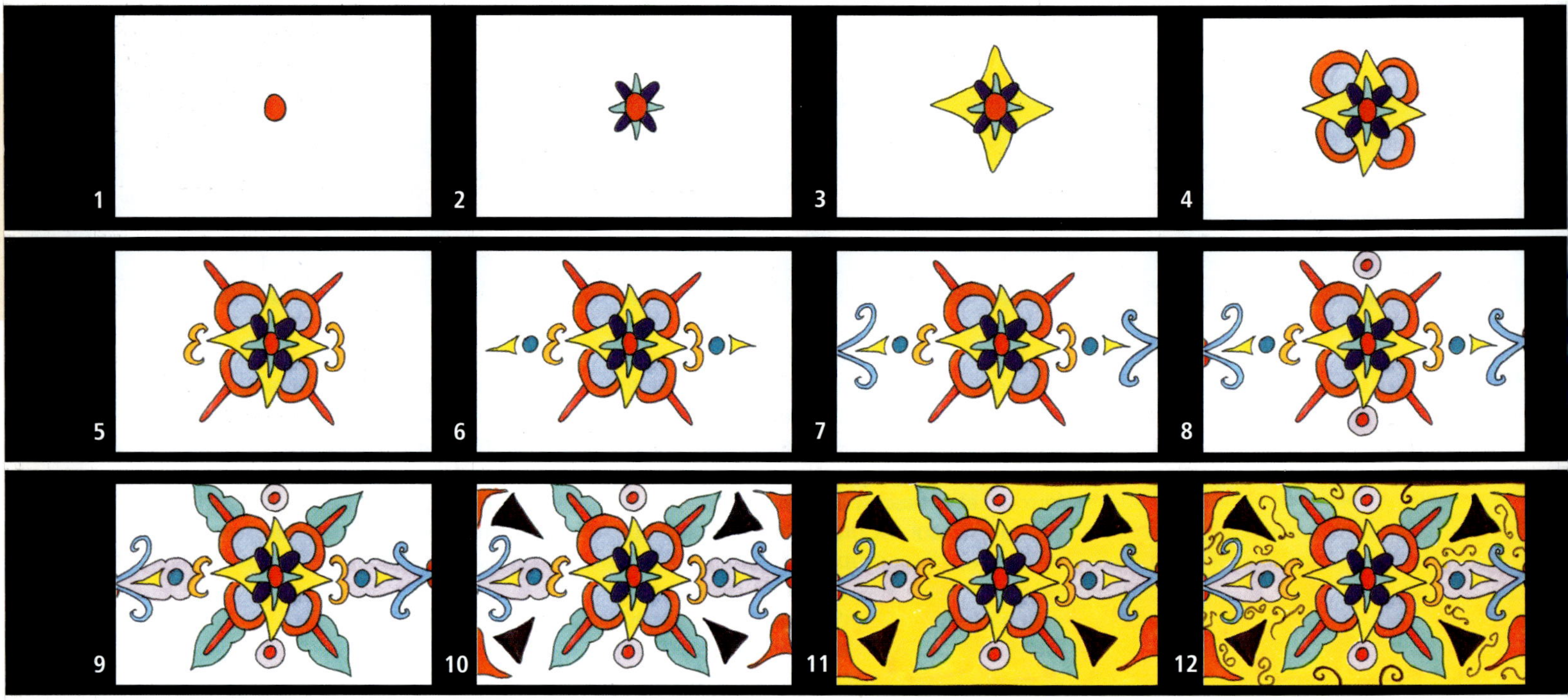

La séquence ci-dessus ne décrit pas une action de façon figurative, elle se contente de composer un dessin trait par trait, image par image, sur une seule feuille de papier. Ce genre de technique expérimentale est proche de l'animation de sable et peut être très distrayante. On ajoute la couleur avec des feutres.

Rebondissements

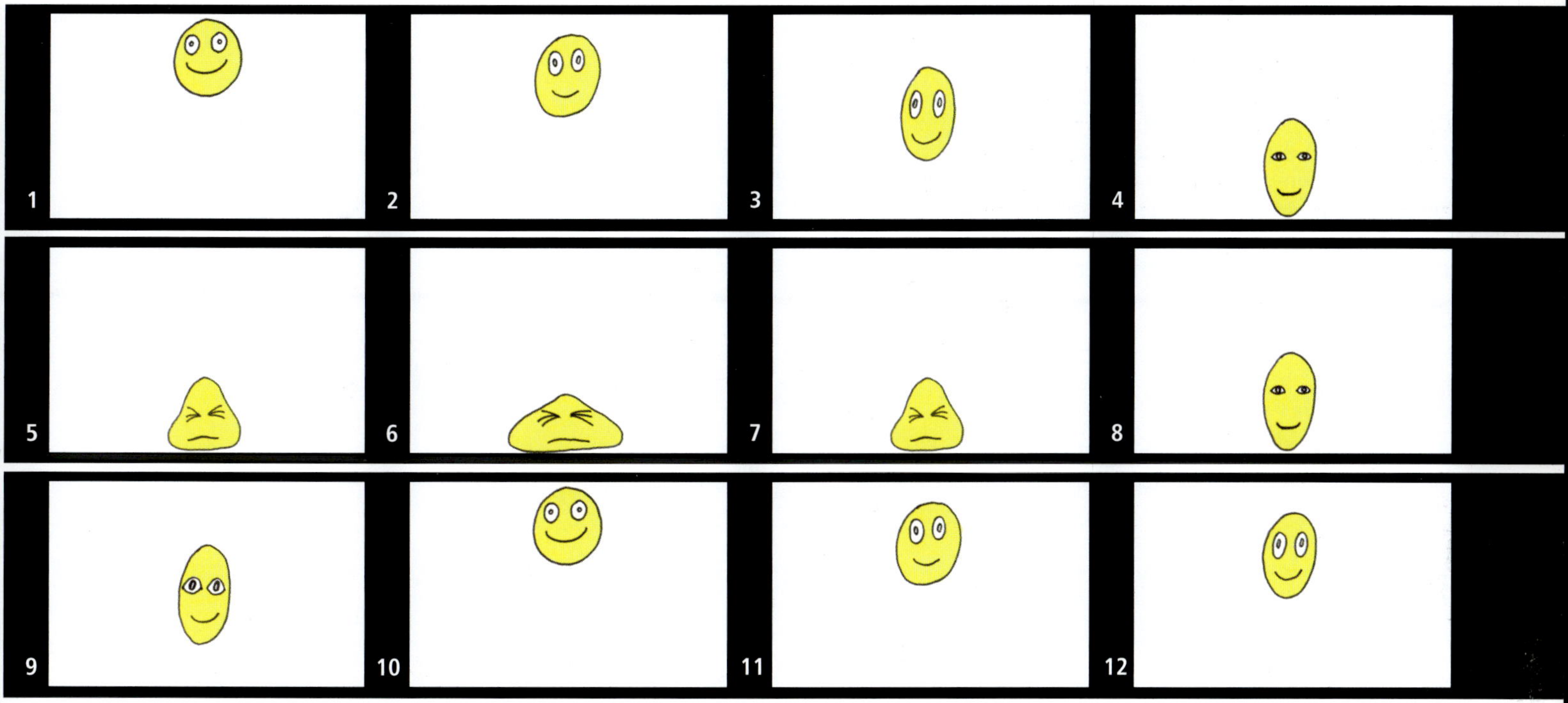

En animation, il est possible et parfois même souhaitable d'étirer et d'aplatir les éléments. La figure ci-dessus devient large et plate lorsqu'elle touche le sol, et mince et étirée lorsqu'elle saute en l'air.

Métamorphose

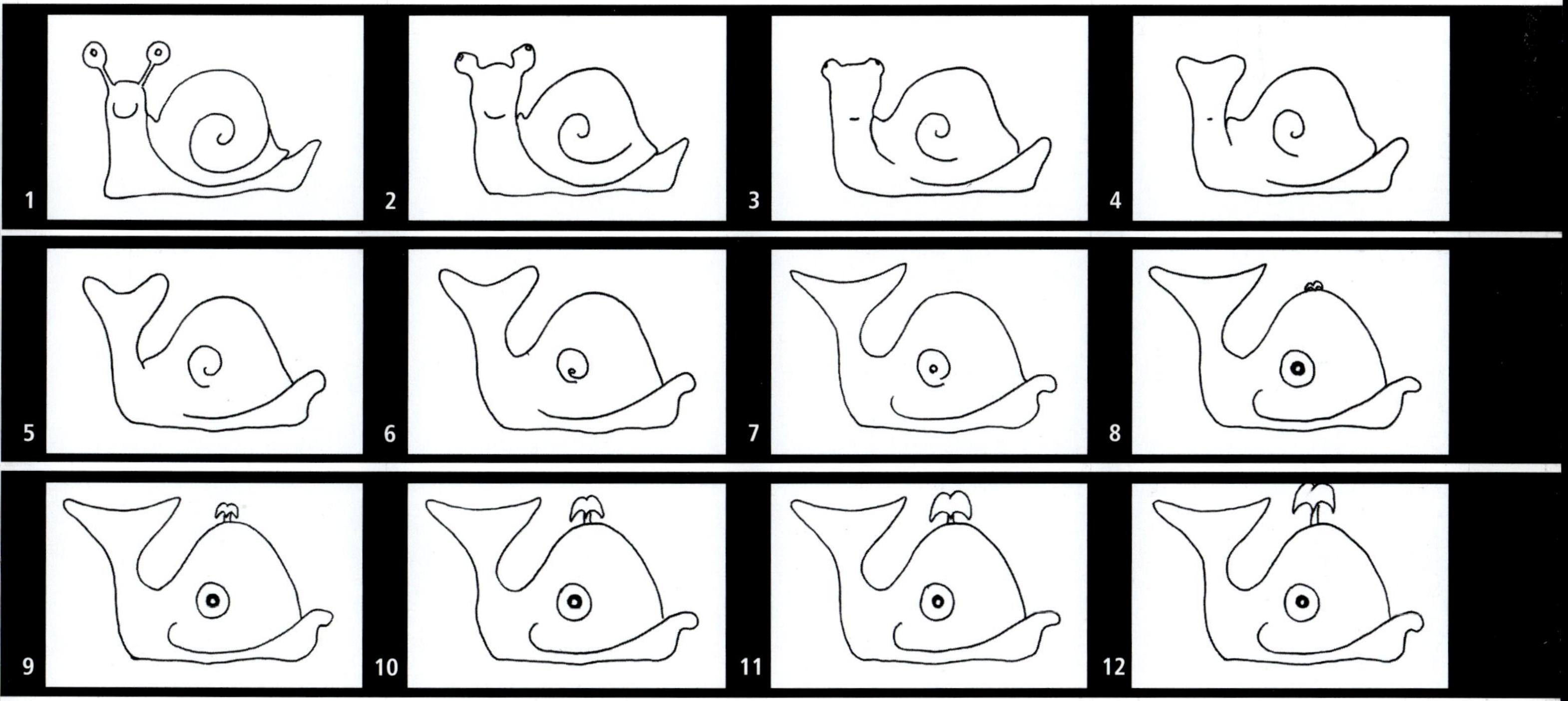

La technique du « morphing » n'est pas qu'un effet spécial issu de l'informatique : c'est l'animation traditionnelle qui l'a inventée. Les images ci-dessus ont été crayonnées, testées, puis encrées au feutre pour renforcer le trait.

La *stop-motion*

Le terme anglais *stop-motion* est bien connu des amateurs de cinéma fantastique. La *stop-motion* met en scène des personnages en trois dimensions fabriqués pour évoluer dans un décor. Une figurine de *stop-motion* peut être conçue à partir de nombreuses matières différentes : du simple amas de plasticine à un arrangement complexe de métal et de silicone (pour le cinéma ou la télévision). La figurine prise pour exemple ici est constituée d'une armature de fil d'aluminium et de plastique à modeler, recouverte de mousse et de tissu.

Outils du projet

- plateau de tournage pour animation en volume (voir p. 20) ;
- voir la liste des matériaux de « la boîte à outils du créateur de figurines » (page suivante).

Armature

L'armature est une sorte de squelette de la figurine, suffisamment rigide pour qu'elle tienne debout, mais assez flexible pour lui permettre toutes sortes de mouvements. Elle est fabriquée avec du fil d'aluminium et du plastique à modeler. Les pieds font partie de l'armature. Ils sont équipés d'un écrou et d'une vis pour former ce que l'on appelle « l'ancre ». Les ancres des pieds sont primordiales à l'animation du personnage, car elles le fixent à la surface du décor et l'empêchent de tomber.

Tête

La tête est faite de pâte polymère, avec des perles de verre opaque en guise d'yeux. Les cheveux sont de la laine noire rigidifiée à la colle à bois. On peut façonner les mains avec du fil et de la mousse, ou bien avec de la plasticine ou de la pâte polymère non cuite.

Anatomie d'une figurine

Une fois la forme de base réalisée, on peut équiper la figurine d'accessoires divers, selon son envie.

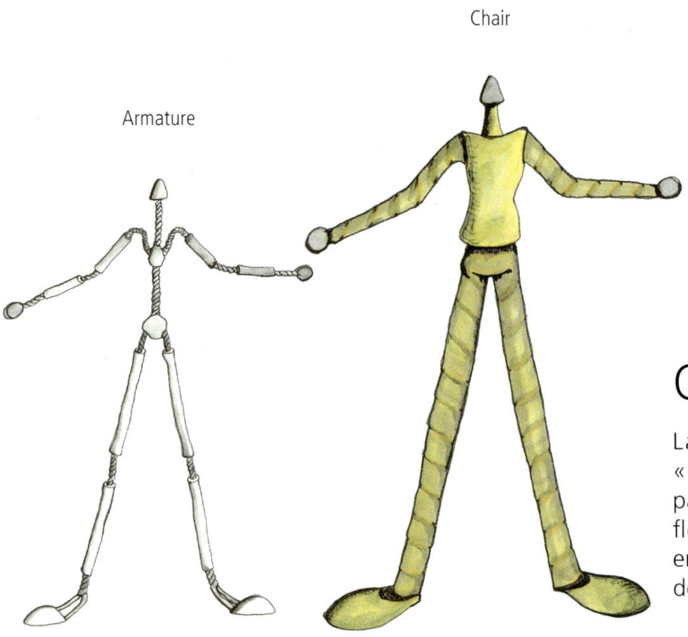

Chair

La couche qui recouvre l'armature est la « chair » de la figurine. Sur les « os » formés par l'aluminium et la pâte, la mousse légère et flexible constitue la texture du corps. Il suffit ensuite de couvrir la chair de tissu, attaché par des agrafes ou de la colle.

La boîte à outils du créateur de figurines

Fil d'aluminium

On tortille le fil d'aluminium pour former les bras, les jambes et la colonne vertébrale de la figurine. Deux épaisseurs de fil sont nécessaires : 1,5 mm et 2 mm. Le fil se rompra tôt ou tard, mais on augmente sa durée de vie en tortillant plusieurs fils ensemble. Avec l'expérience, l'animateur apprend à concevoir une armature facile à réparer, mais pour un débutant, il vaut mieux prévoir trois ou quatre armatures de rechange.

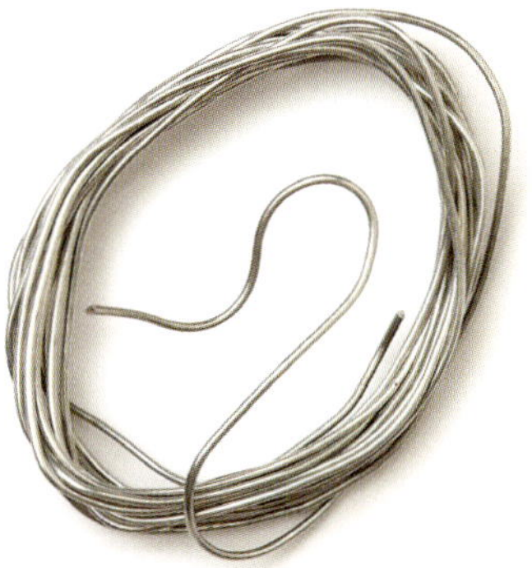

Si l'on en prend soin, une armature peut tenir l'espace d'une minute d'animation (soit 1 800 images).

Plastique à modeler

Le Polycaprolactone, également appelé PCL ou plastique à modeler, est un thermoplastique vendu sous forme de bandes ou de petites billes. Après avoir été trempé dans l'eau chaude, il devient malléable pendant deux ou trois minutes. En refroidissant, il durcit pour former un matériau solide et léger. C'est idéal pour un sculpteur débutant : le plastique à modeler est facile d'usage, léger, et réutilisable. En cas d'erreur, il suffit de remettre l'objet raté dans l'eau chaude, de le ramollir, et de recommencer. Parmi les principales marques de plastique à modeler, on trouve Friendly Plastic, Polymorph et Shapelock.

Une bande de plastique à modeler devient malléable après avoir été trempée dans l'eau chaude.

N'utilisez pas de plastique pour les yeux : ils fondraient pendant la cuisson de la tête au four.

Perles

Deux simples trous faits au crayon dans la pâte donnent des yeux convenables, mais des perles de verre apportent une expression comique à la marionnette. Les perles de verre opaque sont peu onéreuses (déjà trouées pour faire la pupille), et disponibles dans plusieurs tailles, de 6 à 10 mm de diamètre. Vous apprendrez en temps voulu à animer les yeux à l'aide d'une aiguille.

La mousse qui rembourre les coussins est idéale pour épaissir le corps de la marionnette.

Mousse

La mousse idéale pour façonner une figurine est blanche ou jaune, dense, très molle, et d'environ 1,5 cm d'épaisseur. La doublure d'une table à repasser, par exemple, peut faire l'affaire. Il est plus facile de travailler avec une plaque de mousse fine : si nécessaire, dédoublez au cutter un morceau trop épais.

Tissus

Pour les vêtements de vos figurines, optez pour des tissus fins et extensibles (de préférence des synthétiques, comme le nylon). Pensez à l'aiguille et au fil !

Vos vieux T-shirts, culottes et chaussettes, aux couleurs vives si possible, sont recyclables !

Ciseaux, pinces coupantes, tenailles

Fabriquer une armature est une tâche compliquée : on tord, plie et coupe beaucoup. Des tenailles et une paire de ciseaux bien aiguisés sont indispensables.

Huile d'olive ou paraffine

Utile à la technique du « clignement » (voir p. 90 à 93).

Colles

Un pistolet à colle chauffant est essentiel pour les ancres. La colle à bois vous servira à rigidifier les cheveux et à les coller sur la tête. Une colle à base de latex est nécessaire pour assembler la chair en mousse du corps. Prévoyez également un tube de colle époxy.

Pistolet à colle chauffant et recharges de colle.

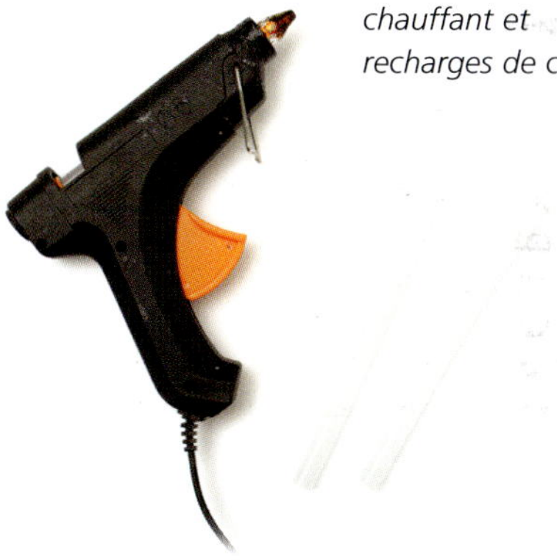

Perceuse électrique et crochet à tableau

En insérant le crochet dans le mandrin de la perceuse, vous obtiendrez un outil vous permettant de tortiller rapidement plusieurs fils d'aluminium ensemble, ce qui est essentiel à votre armature.

Écrous, boulons, papillons, vis

Ils sont indispensables aux ancres. Chaque figurine doit avoir des ancres de rechange.

Créer l'armature

Vous devez impérativement faire des croquis préliminaires de votre figurine, afin de déterminer à l'avance la taille et la position des membres, du torse, de la tête... La fabrication d'une figurine se déroule ainsi : construction de l'armature, renforcement de l'armature (ici avec de la mousse), façonnage des habits, et sculpture du visage et de la tête. C'est une activité difficile et parfois fastidieuse, mais il faut prendre son mal en patience.

Le « squelette » d'aluminium

Colonne vertébrale et jambes

1 Placez un crochet à tableau dans le mandrin de la perceuse et serrez. Coupez au cutter trois longueurs d'un mètre de fil d'aluminium (2 mm d'épaisseur). Fixez les trois fils d'un côté au crochet, de l'autre à un objet fixe (une poignée de porte, par exemple).

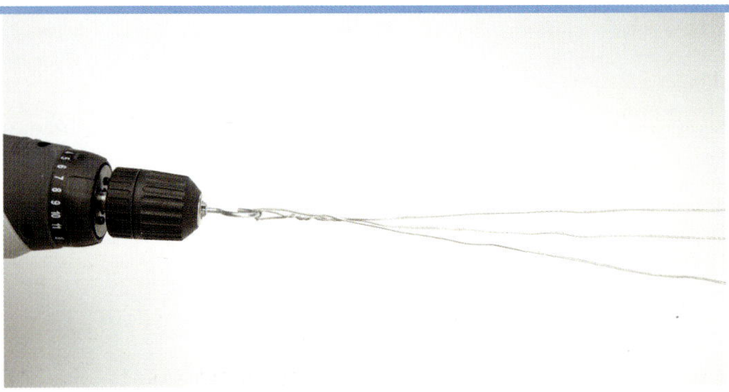

2 Tendez un peu les fils et démarrez la perceuse à vitesse lente. Les fils vont s'entortiller de façon régulière. Continuez jusqu'à ce que le fil casse (cela arrivera tôt ou tard). Recommencez la manœuvre avec deux autres fils d'aluminium plus courts (environ 30 cm). Le triple fil fabriqué servira pour la colonne vertébrale de la figurine, et le double fil formera ses jambes.

3 Prenez le triple fil (la colonne) et défaites l'enchevêtrement de fils sur environ 2 ou 3 cm, avec des pinces. Pliez en deux le double fil exactement au milieu, pour obtenir une forme en V. Cela vous donne les deux jambes. Les fils ainsi dégagés vous permettront d'assembler la colonne aux jambes.

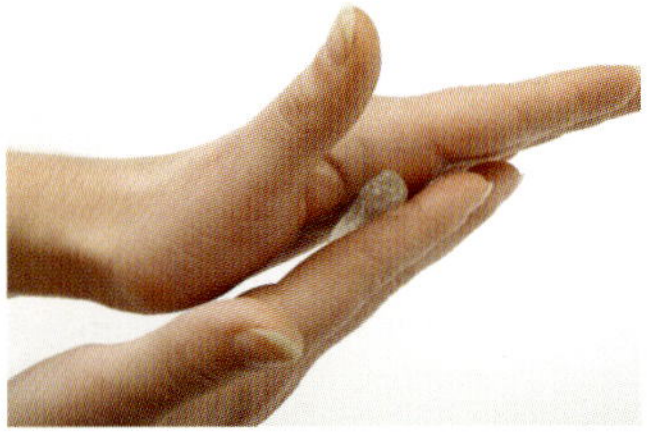

8 Quand la pâte a suffisamment refroidi pour être manipulable, pressez-la et roulez-la jusqu'à obtenir un cylindre assez fin.

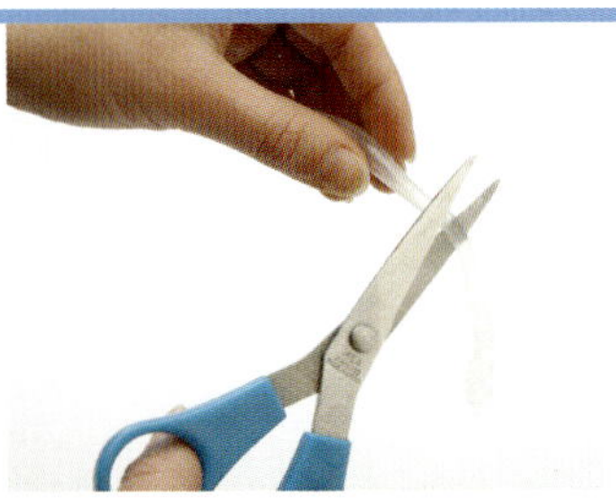

9 Coupez 3 à 4 cm de pâte et mettez le reste de côté.

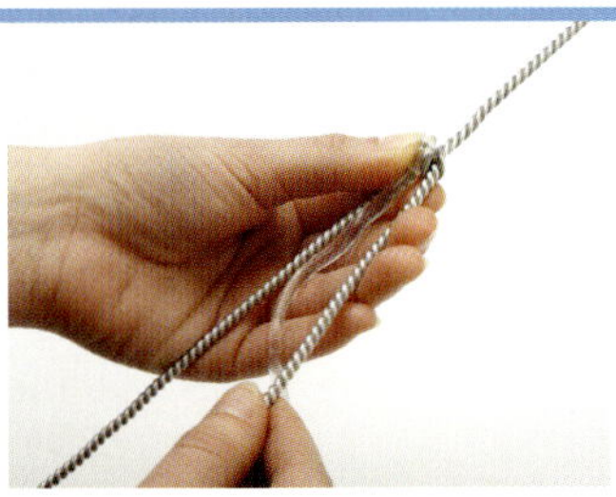

10 Rapidement, mais sans précipitation, pressez l'extrémité du rouleau de pâte sur le nœud de fils (voir étape 4).

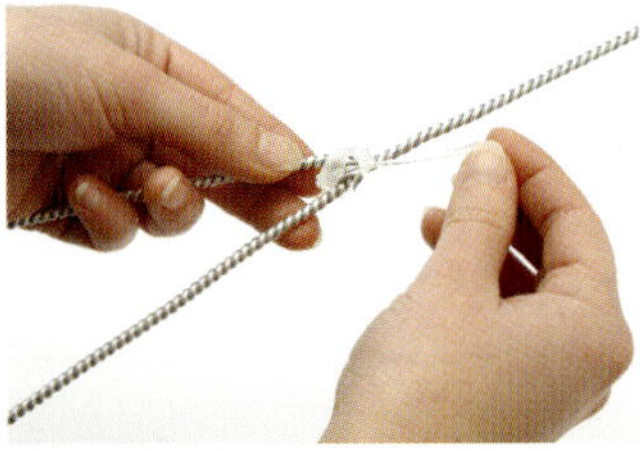

11 Puis repliez le rouleau entre les jambes et enroulez-le fermement autour du nœud, en pressant bien contre le fil. Continuez à enrouler, en incrustant profondément le fil dans la pâte.

Dessinez le personnage dans différentes positions. Celui-ci a des membres longs et fins, faits pour être tordus. Une histoire le mettant en scène doit exploiter le potentiel unique de son physique.

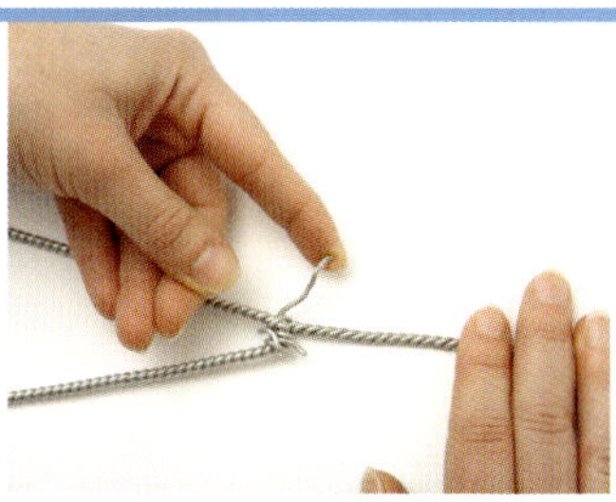

4 Enroulez les fils de la colonne autour de la pliure du double fil en V.

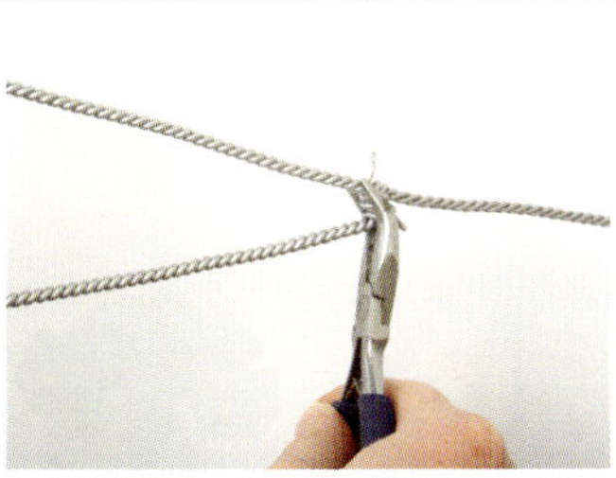

5 Coupez les morceaux qui dépassent à la pince coupante et serrez le joint aussi fort que possible, avec des tenailles.

6 Il est plus prudent de passer à la cuisine pour cette étape. Faites bouillir de l'eau et versez-la dans une grosse tasse. Plongez-y quelques billes de plastique à modeler et attendez 30 à 40 secondes.

7 Repêchez la pâte à l'aide de ciseaux (jamais à mains nues) et laissez refroidir un peu. Vous constaterez que les billes se sont amalgamées et que le matériau semble un peu transparent. La pâte est maintenant aussi malléable que du chewing-gum, et un peu chaude au toucher.

12 Lorsque le nœud est entièrement recouvert, coupez la pâte superflue et serrez fermement le joint pendant environ une minute, en évitant le plus possible de bouger les mains.

13 La pâte doit commencer à refroidir, et le joint à durcir. Si la pâte n'est pas suffisamment incrustée et qu'il y a du jeu, plongez le tout dans l'eau chaude pour ramollir la pâte et recommencez.

Pieds et ancres

Les pieds de la figurine comportent un système d'ancre. Il s'agit d'un trou qui traverse le pied, et qui correspond à un trou percé dans la surface du décor. On fait passer par-dessous une vis filetée que l'on connecte au pied, ce qui maintient la posture de la figurine. Ces instructions simples vous permettront de fabriquer vos propres ancres de rechange.

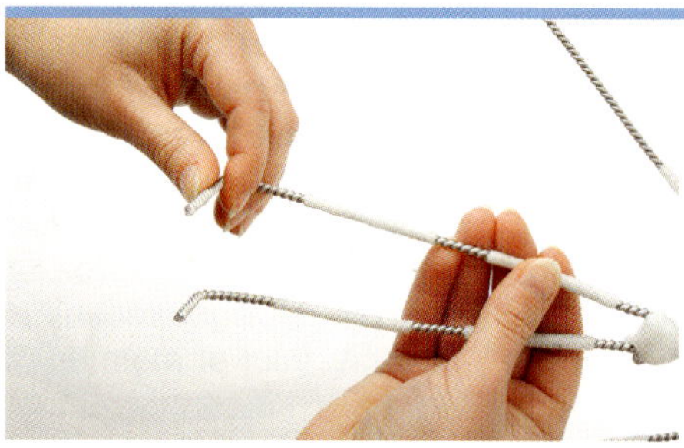

1 Pliez le bout de la jambe pour former le pied. Conservez au moins 2 cm de fil pour former l'articulation de la cheville. Coupez la longueur de fil superflue pour obtenir un pied de 3 cm.

2 Avec des tenailles, défaites doucement l'entortillement de fils du pied, sans les endommager. Avec le bout des tenailles, courbez un fil vers l'intérieur de la jambe, en forme de spirale. Enroulez l'autre fil vers l'extérieur de la jambe autour de cette spirale.

3 Prenez deux boulons et deux écrous hexagonaux de 3 mm de diamètre et de 3 cm de longueur. Vissez l'écrou aux 2/3 de la longueur du boulon. Glissez le boulon dans la spirale du pied, la tête du boulon en bas et l'écrou à plat sur le pied. Maintenez le tout en position avec le pistolet à colle.

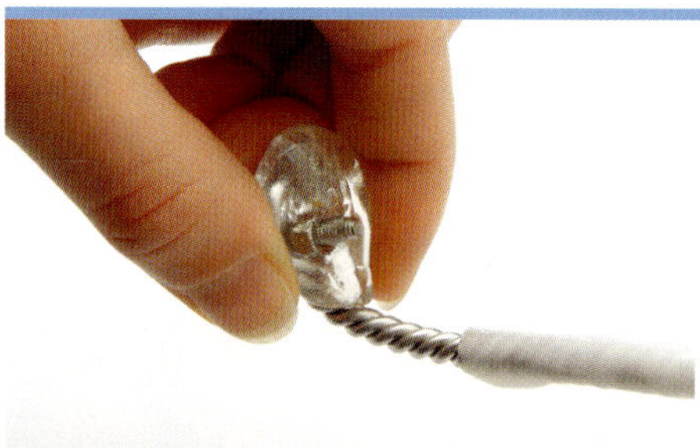

7 Glissez le boulon dans l'entaille du disque et pressez, de sorte que le boulon affleure au travers du disque.

8 Le disque de plastique va devenir le pied de la figurine. Modelez-le en forme de bol, avec une base plate. Trempez de temps à autre le pied dans la tasse d'eau chaude pour que la pâte reste malléable.

9 Le boulon doit sortir des deux côtés du pied, et l'écrou doit rester solidement ancré sur la spirale de fil, à l'intérieur de la gangue de pâte. Si vous sentez que l'écrou bouge, plongez le pied dans l'eau chaude, retirez le plastique et recommencez. Vous devrez peut-être essayer plusieurs fois, mais le jeu en vaut la chandelle : de bonnes ancres épargnent bien des soucis à l'animateur.

Vous êtes votre modèle

Regardez votre propre bras et mesurez à la règle la distance entre votre coude et votre poignet, puis entre votre poignet et votre majeur. Les proportions varient selon les personnes, mais la longueur de la main paraît souvent surprenante.

4 Versez de l'eau bouillante dans une grande tasse et ramollissez un peu de plastique à modeler. Faites-en une boule, et écrasez-la entre vos doigts pour former un petit disque.

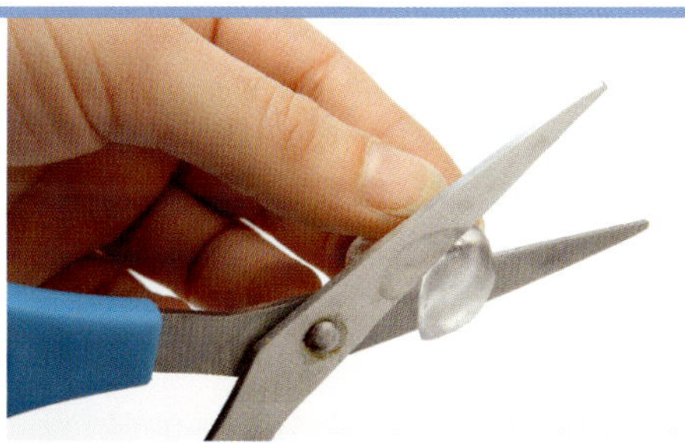

5 Faites une entaille aux ciseaux, du bord du disque à son centre.

6 Ramollissez le disque en le plongeant 30 secondes dans l'eau bouillante, puis déposez-le au-dessus du pied de la figurine.

Bras et mains

Il est parfois difficile de bien évaluer les proportions de sa toute première figurine, surtout en ce qui concerne la longueur des bras et le positionnement des mains. Une erreur typique de débutant consiste à surestimer la longueur des mains, ce qui donne un personnage dont les doigts, placés le long du corps, tombent plus bas que ses genoux.

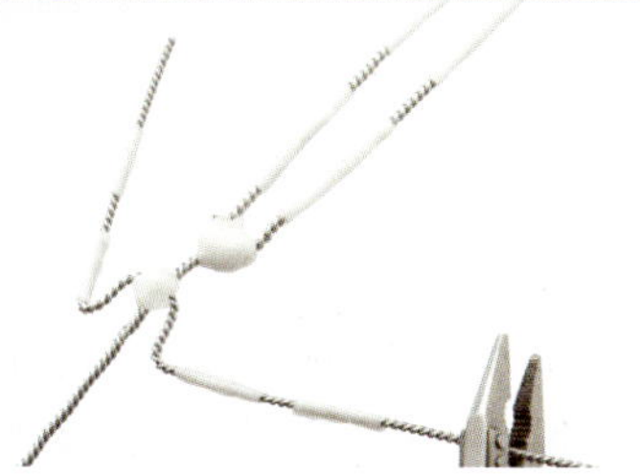

1 Maintenant, votre figurine a presque forme humaine. En vous basant sur les proportions d'une personne réelle, déterminez le positionnement des mains, et coupez le bras au niveau où apparaîtront les paumes des mains.

2 Comme avec le pied, dénouez les fils doucement avec les tenailles, et courbez-les de manière à former une boucle au bout du bras.

3 Avec le pistolet à colle, déposez délicatement une goutte de colle dans la boucle. Comme la colle risque de couler, travaillez sur une table et veillez à ne pas vous coller les mains. Lorsque la colle a un peu séché, mouillez-vous les doigts et écrasez délicatement la boule de colle en un petit disque. Le but est de couvrir le fil et de créer un cercle de colle sèche au bout de chaque bras. Ajoutez de la colle si nécessaire, mais tâchez de limiter la taille de ces cercles. Voyez la page 89 pour compléter les mains.

Cou

1 Déterminez la longueur du cou en fonction des proportions de l'armature. La tête sera plus tard vissée sur le cou et en recouvrira environ la moitié. Écourtez ce « fil cervical » à la longueur voulue à l'aide des tenailles.

2 Comme précédemment, dénouez délicatement les fils.

3 Ramollissez un peu de plastique et façonnez un cône – fin à une extrémité, épais à l'autre. Alors que le plastique est encore chaud, encastrez-le sur les extrémités dénouées des fils.

4 Si le cône se déforme, trempez le cou dans l'eau chaude et remodeler-le. Ensuite, avec un outil tranchant, élaguez proprement les bords de la base du cône.

Ajouter des formes

Maintenant, vous devez donner plus de masse à votre personnage. Une méthode simple et peu onéreuse pour le débutant consiste à « épaissir » la figurine. De la mousse de coussin et du tissu donnent un corps léger et flexible.

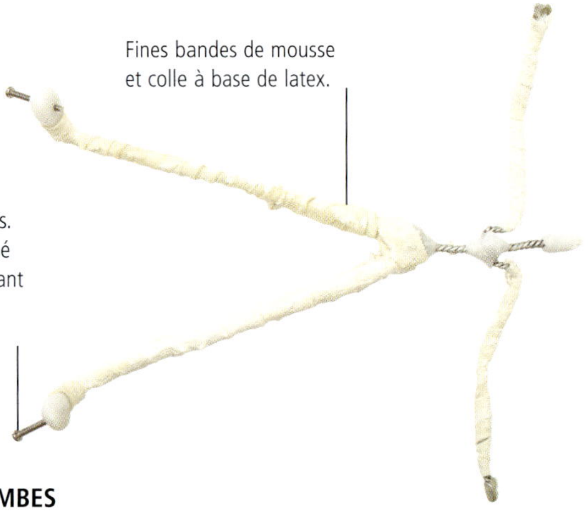

Couvrir les jambes

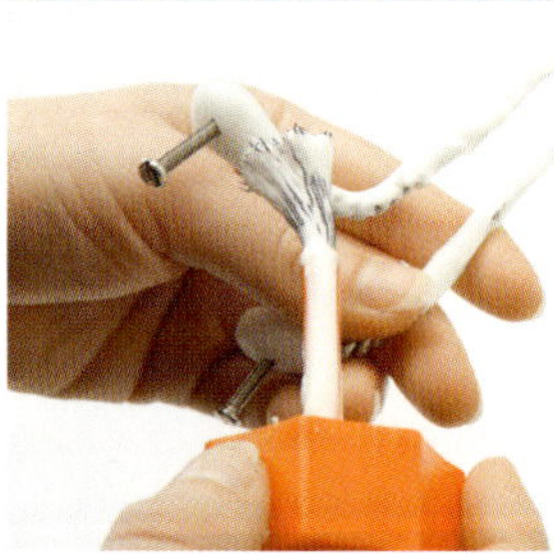

1 Déposez une couche de colle à base de latex sur une des jambes, en remontant du pied jusqu'à la taille.

2 Coupez une bande de mousse fine d'environ 2 cm de largeur et 10 cm de longueur. Déposez une épaisse couche de colle sur une face de la bande. Serrez celle-ci dans votre main pour qu'elle s'imprègne bien de la colle. Laissez la bande de côté 5 minutes, le temps qu'elle devienne poisseuse. Puis, en commençant par le haut, enroulez la bande le long de la jambe en serrant bien et en collant les bords les uns contre les autres.

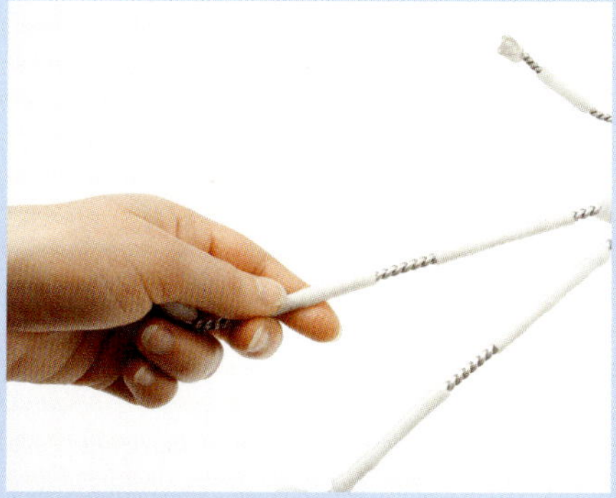

Le test du « hochet »

Une fois la chair (voir p. 80-81) appliquée sur l'armature, celle-ci doit fonctionner comme un seul élément, être d'une seule pièce. Pour vous en assurez, prenez la figurine par un pied et secouez-la comme un hochet. Si vous entendez un cliquètement ou sentez du jeu dans les joints, le travail n'est pas terminé et il faut résoudre le problème avant de continuer la fabrication. Sinon vous courez le risque d'avoir une figurine tremblotante, ce qui nuira à la fluidité de votre animation finale (et détournera l'attention du spectateur).

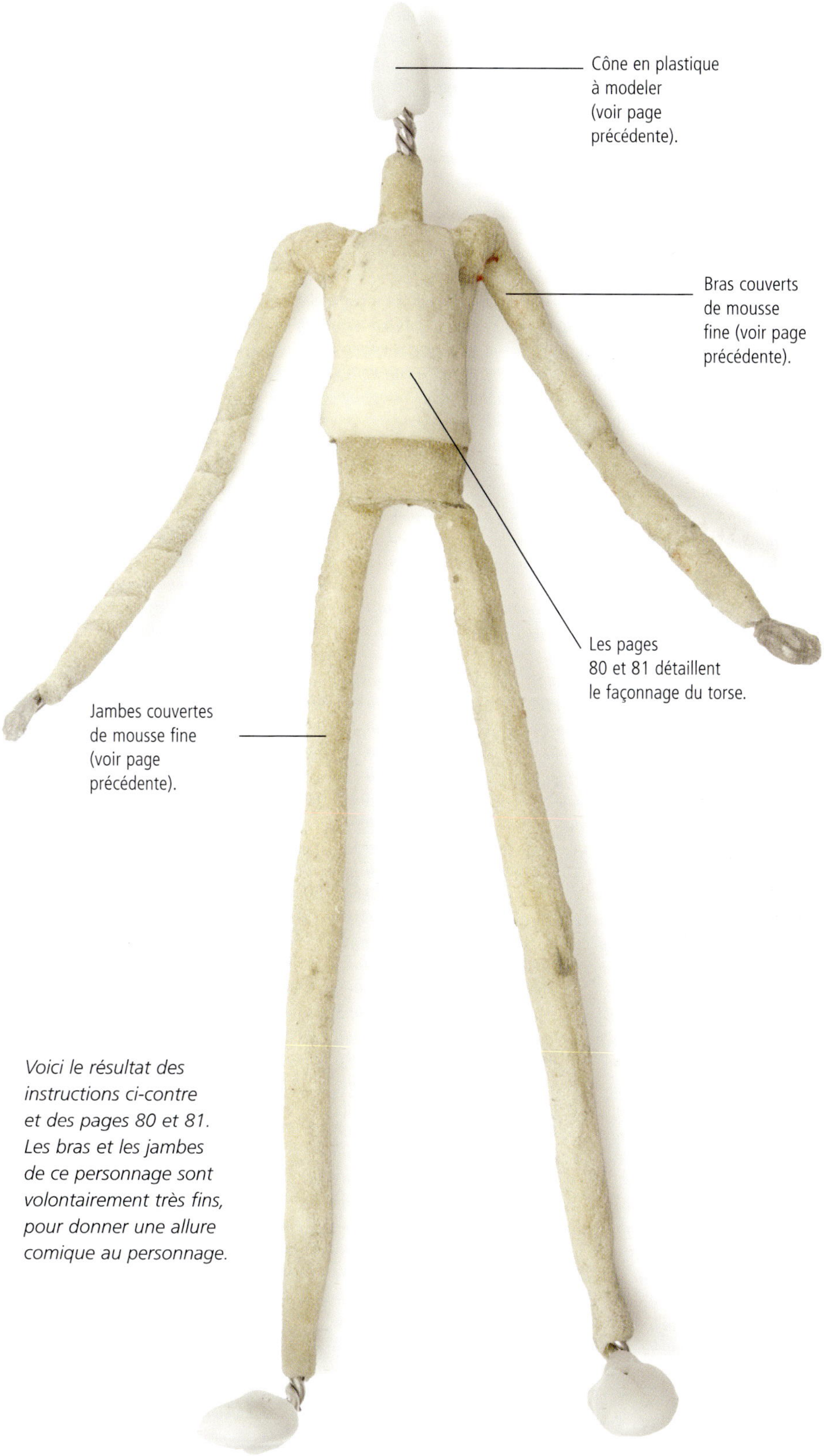

Voici le résultat des instructions ci-contre et des pages 80 et 81. Les bras et les jambes de ce personnage sont volontairement très fins, pour donner une allure comique au personnage.

3 Continuez à envelopper la jambe jusqu'à atteindre le pied. Couvrez la moitié du pied avec la bande, et coupez le reste proprement aux ciseaux. Procédez ainsi pour l'autre jambe et les bras (en partant de l'épaule jusqu'au poignet).

Couvrir les pieds

1 Dans un morceau de mousse très fin, coupez un carré de 8 mm de côté, dans lequel vous taillez une petite forme en U. Trempez le carré dans de la colle à base de latex.

2 Glissez le bout de la jambe dans le trou en U. Pressez délicatement sur le pied pour coller la mousse au plastique.

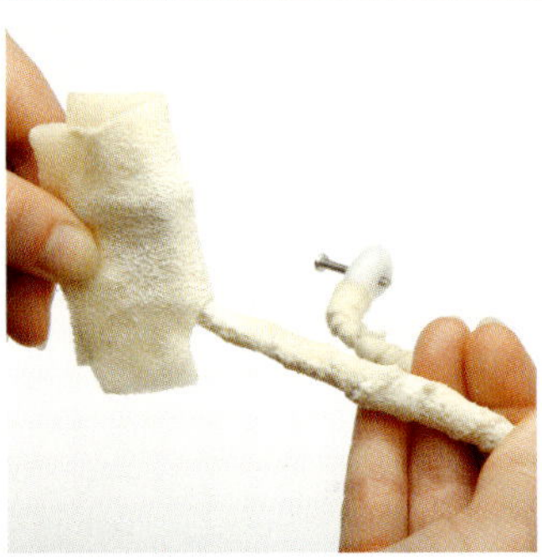

3 Repliez fermement la mousse sur le pied afin qu'elle épouse la forme du plastique.

4 Coupez ce qui dépasse à l'arrière du pied, et repliez les restes de mousse sous le pied en pinçant bien l'ourlet.

Renforcer le torse

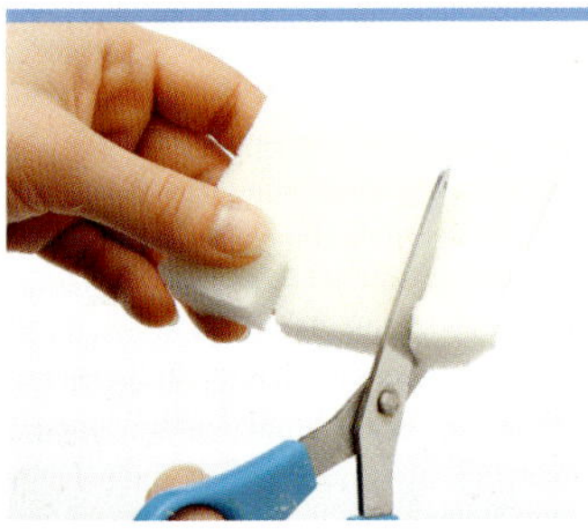

1 Le torse de la figurine demande une mousse plus épaisse (2 cm environ). Coupez une forme rectangulaire qui couvrira la surface des épaules à la taille. Enroulée autour de la figurine, elle formera le torse. Taillez deux ouvertures sur un côté pour y glisser le dessous des bras.

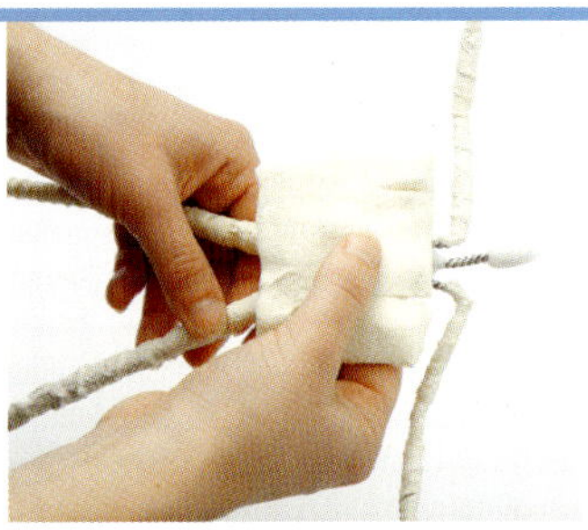

2 Déposez une épaisse couche de colle à base de latex sur les deux faces de la mousse. Imprégnez la mousse de colle en la serrant dans votre paume. C'est peu ragoûtant, mais nécessaire pour que la mousse soit bien imprégnée. Laissez sécher la colle pendant cinq minutes. La mousse va devenir très adhésive, ainsi elle collera facilement sur elle-même ou sur l'armature. Appliquez la mousse sur le devant de l'armature. À ce stade, vous pouvez aisément retailler la mousse si cela paraît nécessaire.

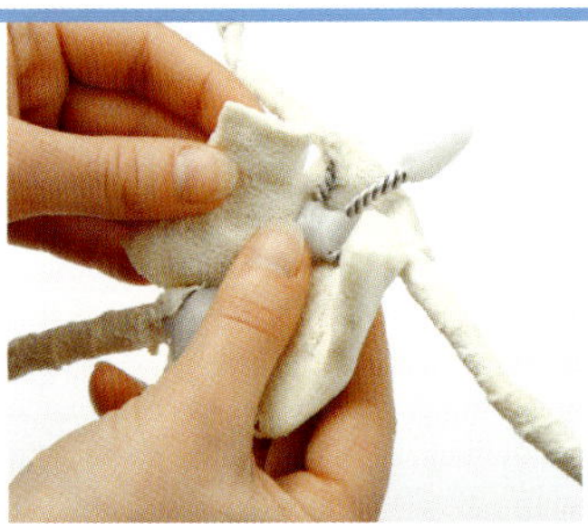

3 Repliez la mousse sur le dos de la figurine, en ajustant les bras dans les ouvertures. S'il y a de la mousse qui dépasse, coupez-la.

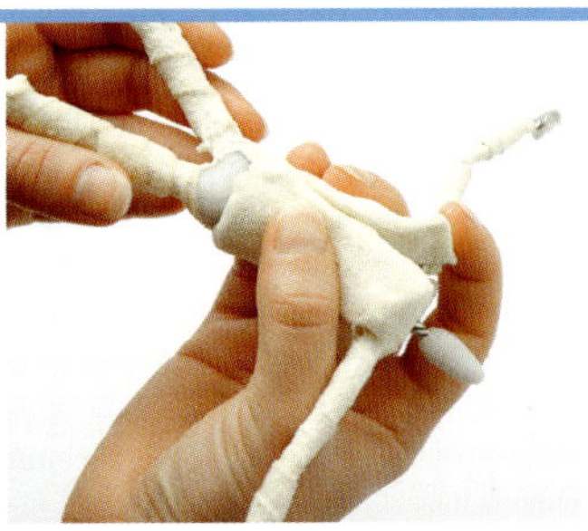

4 Pincez les bords de la mousse ensemble dans le dos de la figurine pour former une jointure propre. Si les bords ne collent pas, ajoutez-y de la colle.

5 Le long du talon, pincez la mousse entre votre pouce et votre index pour former une soudure propre. Repliez vers l'intérieur du pied la mousse qui dépasse et pincez. Il peut être plus pratique de retirer l'ancre à cette étape. Laissez la figurine sécher pendant une vingtaine de minutes.

6 Avec des ciseaux aiguisés, coupez au plus près les morceaux de mousse qui dépassent. Assurez-vous que le trou de l'ancre soit propre et dégagé. Suivez la même méthode pour l'autre pied, puis réinsérez les ancres.

La morphologie d'un personnage

Si votre personnage est grand et mince, une seule couche de mousse suffira à former sa chair. Toutefois, si vous voulez lui donner du muscle (dans les bras, pour un haltérophile par exemple), il suffit d'ajouter une couche de mousse sur la partie du corps concernée.

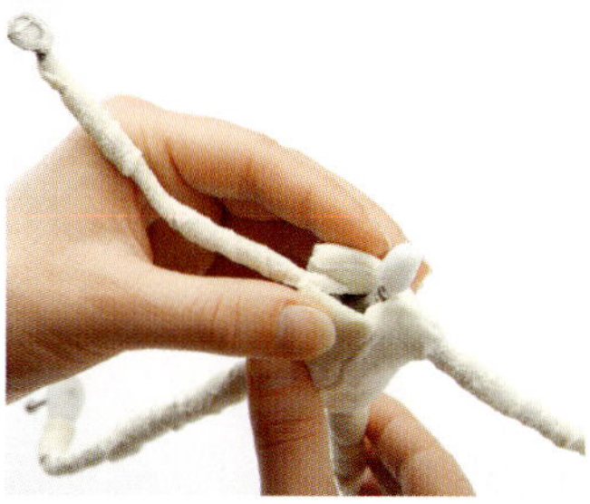

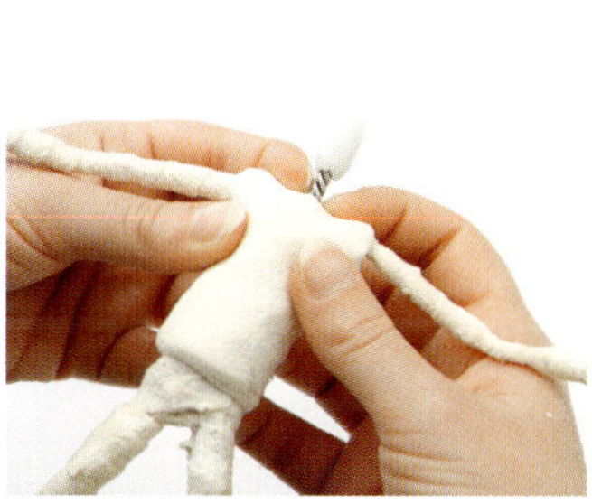

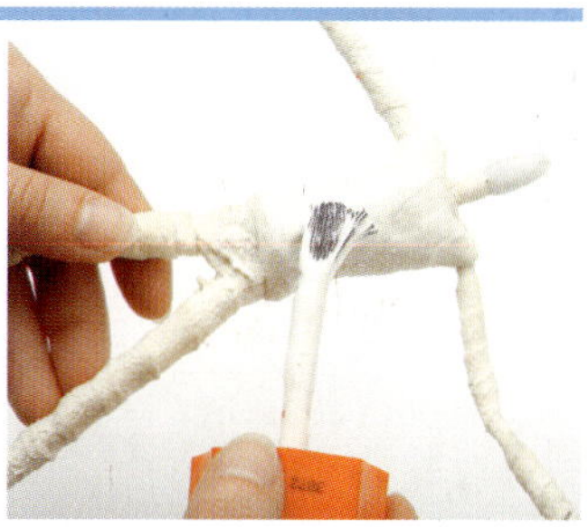

5 Refermez les « coutures » des épaules, en haut du torse, de la même façon. Pour une plus belle jointure, vous pouvez replier légèrement les bords vers l'intérieur (une sorte d'ourlet) avant de les coller ensemble.

6 Avec le pouce et l'index, pincez la mousse autour des épaules et des bras pendant une trentaine de secondes. Si la colle n'a pas trop séché, vous pouvez façonner les formes du torse : arrondir les épaules, serrer la taille…

7 Coupez une fine bande dans la même mousse qui vous a servi à couvrir les membres, et déposez-y de la colle. Enroulez-la une ou deux fois autour du « fil cervical » (voir p. 78) afin d'épaissir le cou.

8 Recouvrez tout le torse d'une épaisse couche de colle pour renforcer toutes les jointures. L'armature ainsi pourvue de chair doit ressembler à la photo de la page 79. En séchant, la colle lui donnera une couleur différente. Le résultat final doit être une figurine fonctionnelle et légère.

Les vêtements et la tête

Pour les vêtements d'une figurine, le type de tissu doit être fin et si possible extensible. Si le tissu est trop épais, la figurine est moins convaincante et ses mouvements sont entravés. Les tissus à motifs sont à éviter, proportionnellement trop gros par rapport à la figurine. Le matériau doit aussi être finement tissé, pour éviter qu'il ne s'effiloche, ce qui rend difficile la confection de vêtements à petite échelle.

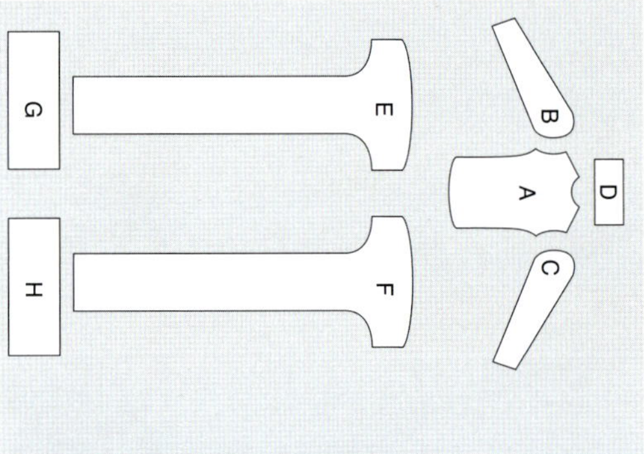

SYSTÈME D

En page 122, vous trouverez un modèle basique (comme celui du schéma ci-dessus) pour le pull et le pantalon de la figurine. Vous pouvez aussi bien coudre les vêtements sur le personnage que les coller. La colle est une solution rapide, mais potentiellement salissante, et la couture donne un résultat plus soigné. Toutefois, coudre prend du temps, surtout si l'on n'y est pas habitué. Les instructions suivantes utilisent les deux méthodes : le pantalon est collé et le pull cousu.

Le costume

Les chaussures

Pour couvrir les pieds, il vous faut un matériau pratique et extensible. Une culotte de nylon épais ou des chaussettes très fines feront l'affaire. Les culottes ont l'avantage d'avoir un aspect brillant qui évoque bien le cuir des chaussures.

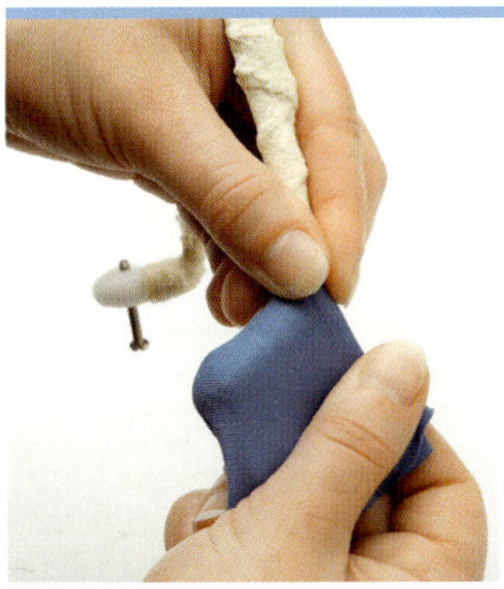

1 Recouvrez toute la surface du pied de colle et posez-y un carré de tissu. Étirez le tissu vers le bas et maintenez-le en place pendant une petite minute, jusqu'à ce qu'il colle à la mousse.

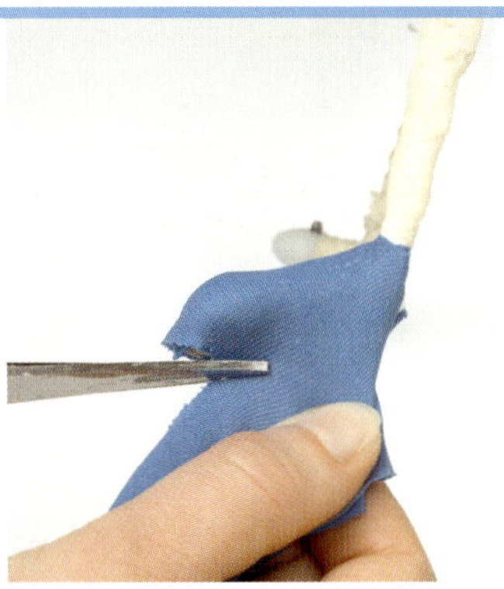

2 Lorsque le tissu colle à la mousse, coupez ce qui dépasse avec des ciseaux aiguisés, tout en tendant le tissu. Coupez près du bord des pieds.

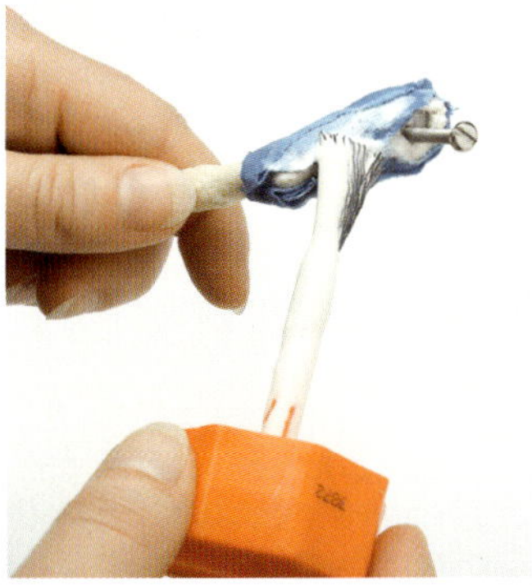

3 Déposez de la colle sur les bords du tissu, sans toucher le dessus de la chaussure. Quand le tissu commence à absorber la colle, repliez les bords à l'intérieur du pied et pressez dessus.

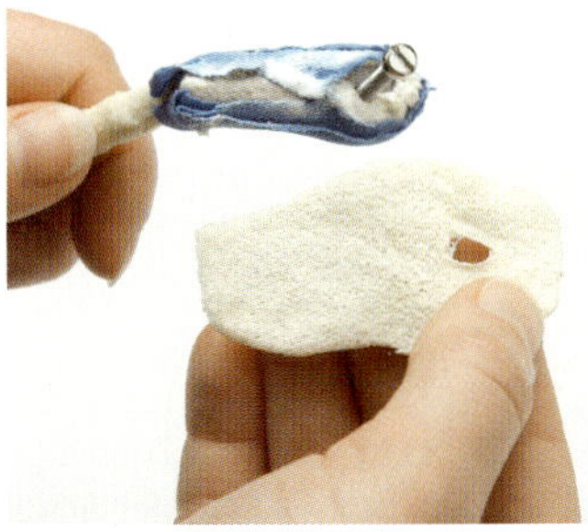

4 Taillez la semelle du pied dans une plaque de mousse, un peu plus grosse que le pied de la figurine, et couvrez-la de colle. Prévoyez un trou pour l'ancre.

Pantalon et pull

1 Dessinez quatre bandes sur le tissu, pas très larges et légèrement plus longues que la distance entre la taille et le pied de la figurine. Découpez-les avec des ciseaux. Deux bandes collées ensemble formeront une jambe du pantalon. Vérifiez la taille par rapport à la figurine et taillez si nécessaire.

2 Prenez deux bandes. Sur l'un des bords de chaque bande, appliquez au pinceau fin une épaisse couche de colle à base de latex, en veillant à ne pas souiller le dessus. Laissez sécher de cinq à dix minutes.

3 Quand la colle a pris, repliez délicatement les bords collés de chaque bande l'un sur l'autre, en formant un raccord étroit, et pressez fermement. Continuez jusqu'à ce que le raccord soit fait sur toute la longueur de la jambe ainsi formée (et ouverte d'un côté).

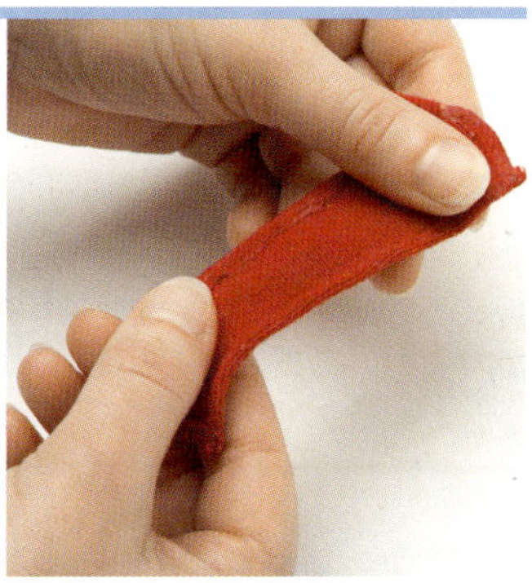

4 Reprenez les étapes 1 à 3 pour façonner la deuxième jambe du pantalon. Vérifiez la longueur et la largeur par rapport aux jambes de la figurine. Les manches du pull sont façonnées selon la même méthode, dans du tissu rouge.

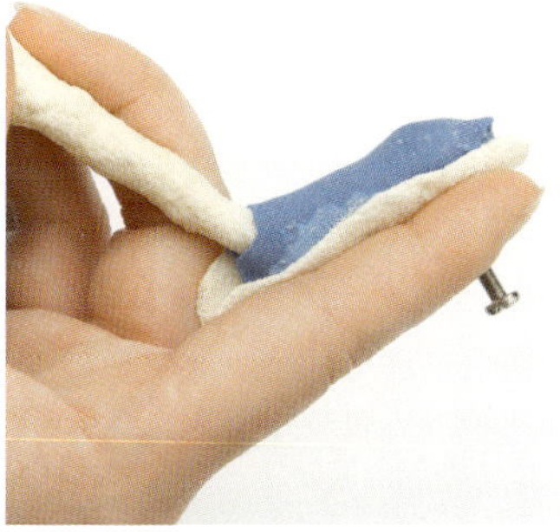

5 Laissez la mousse s'imprégner de colle quelques minutes et pressez fermement la semelle contre la base du pied. Laissez sécher quelques minutes, puis coupez les contours aux ciseaux.

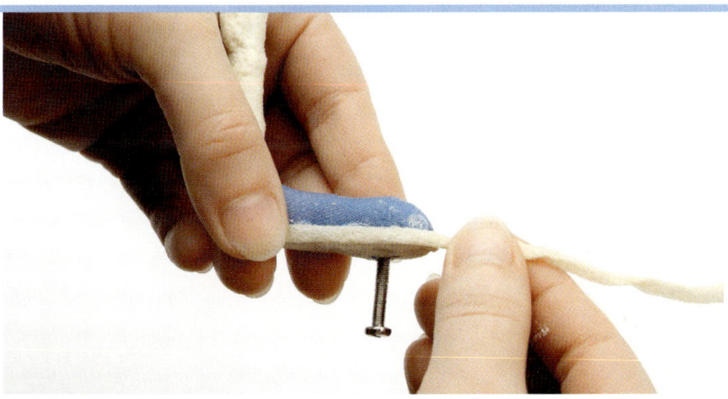

6 Vous pouvez rajouter une bordure à la chaussure pour cacher la jointure entre le tissu et la mousse. Il suffit de découper une bande très fine de mousse, de la tremper dans la colle, et de la coller tout autour de la semelle.

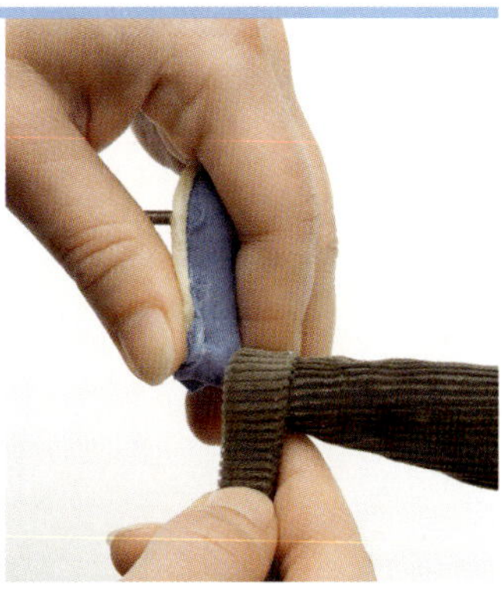

7 Pour dissimuler le joint au-dessus de la chaussure vous pouvez également coller un petit bout de tissu. Il fera office d'ourlet au pantalon.

Appliquer les vêtements sur le corps

1 Déposez soigneusement une épaisse couche de colle à base de latex sur le fond d'une des jambes du pantalon, et collez-le sur le dessus de la jambe de la figurine. Assurez-vous de sa bonne position.

2 Avec un pinceau fin, tamponnez un peu de colle le long de chaque bord de la couture ouverte. Laissez un peu sécher la colle.

3 Collez les coutures ouvertes au bas du torse. Partant de là, pincez les bords le long de la jambe entre le pouce et l'index, pour refermer la jambe. En ajoutant la deuxième jambe, appliquez correctement le haut du pantalon, devant et derrière.

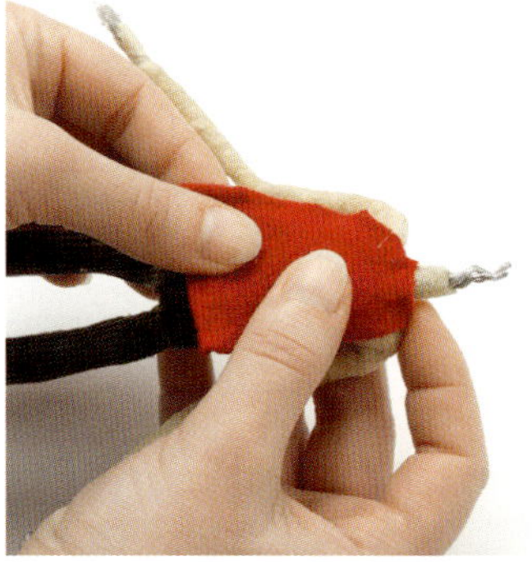

4 Appliquez le devant et le derrière du pull sur le torse, en les fixant avec un peu de colle si nécessaire.

La tête

L'utilisation de pâte polymère permet de créer facilement une tête à la fois simple et expressive. Évaluez sa taille en fonction du corps de la figurine.

Sculpter la tête

On commence par faire une boule de pâte. Si vous ne trouvez pas de pâte couleur chair, tâchez de la recréer approximativement en mélangeant différentes couleurs.

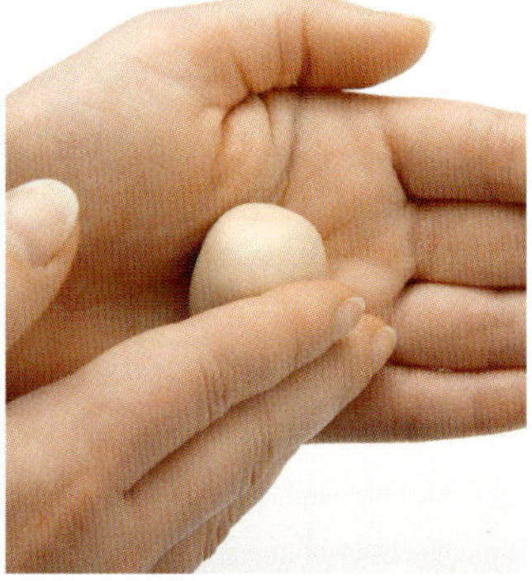

1 Malaxez et chauffez la boule de pâte polymère entre vos doigts. Il s'agit du « conditionnement » de la pâte, une étape importante pour s'assurer qu'elle soit bien malléable. Une fois que la pâte est prête, faites-en une forme ovoïde en la roulant sur une surface plane.

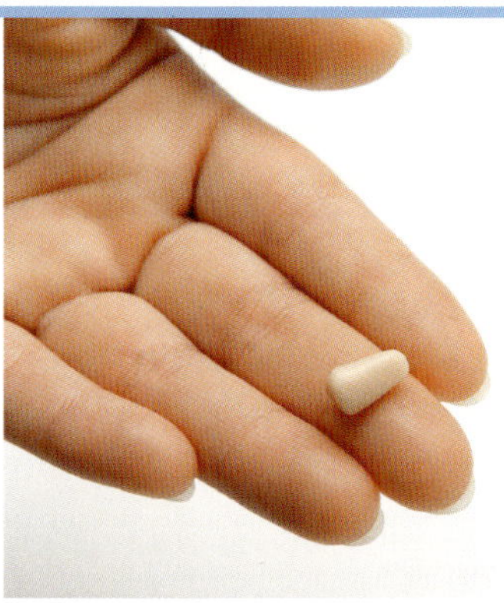

2 Façonnez un cône, aplati sur un côté, pour figurer le nez. Puis roulez une petite boule, écrasez-la en un disque, et coupez-le en deux pour créer les oreilles.

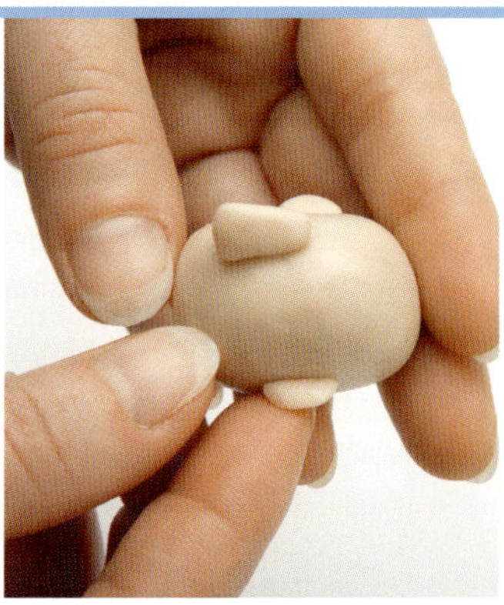

3 Appliquez le nez et les oreilles sur la tête et pressez délicatement pour les coller à la pâte. Travaillez délicatement du doigt les jointures. Nettoyez le visage avec une lingette antiseptique jetable. C'est un travail minutieux qui vous demandera peut-être plusieurs tentatives.

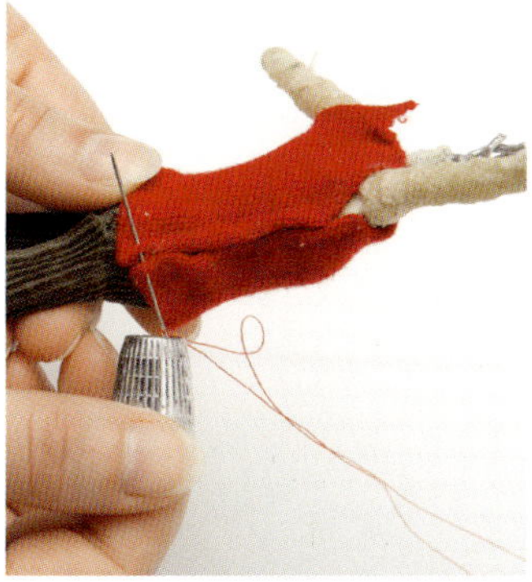

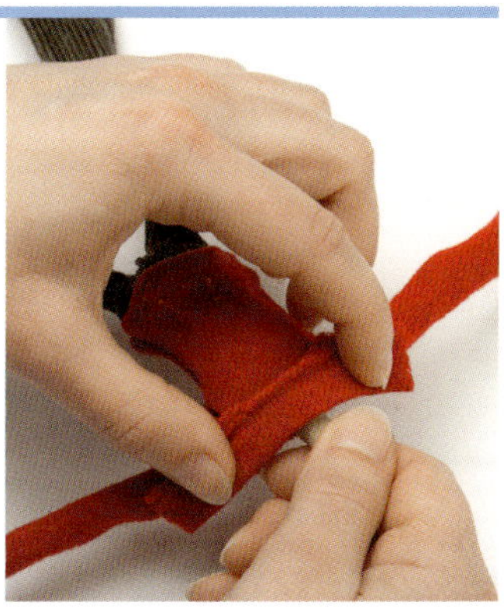

5 Ajustez les deux parties du pull. Avec du fil rouge et une aiguille, joignez les deux parties d'un côté en cousant du bas du pull jusqu'au bras. Retournez la figurine et procédez de même de l'autre côté. Fermez les coutures sur les épaules.

6 Enfilez la manche sur le bras, avec la couture sur le dessous. Fermez les coutures entre le pouce et les autres doigts, puis cousez du poignet jusqu'à l'aisselle. Pour attacher le haut du bras à l'épaule, faites un point aussi serré et fin que possible.

7 La technique la plus facile pour parachever l'habillement du personnage est d'ajouter un col roulé au pull et des ourlets au pantalon. Pour le col, il suffit de couper une fine bande de tissu, de la plier en deux dans longueur, de la tailler aux dimensions du cou, puis de la coudre ou de la coller.

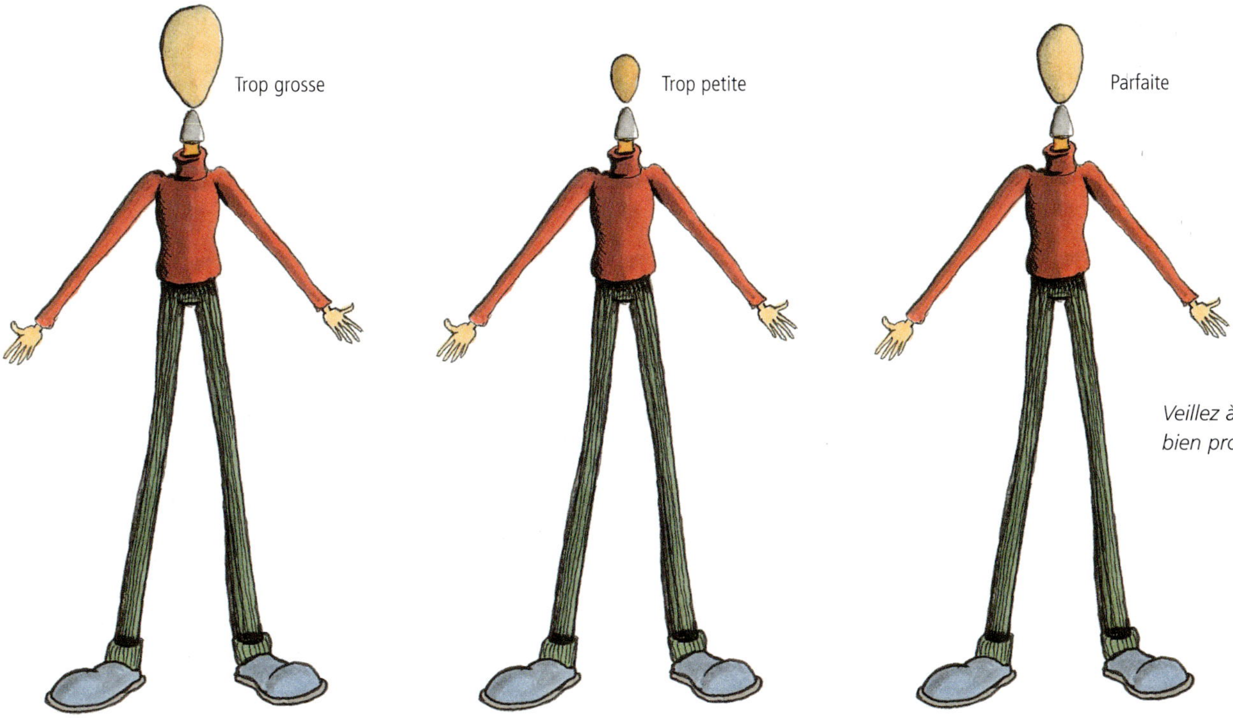

Veillez à ce que la tête soit bien proportionnelle au corps.

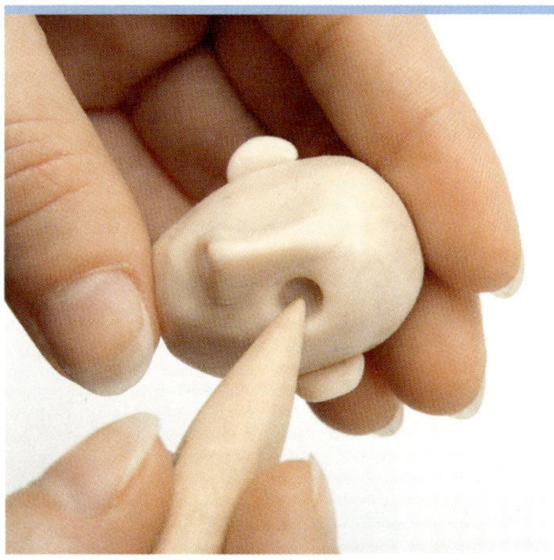

4 À l'aide d'un crayon ou d'un autre instrument pointu, formez délicatement les narines à la base du nez. Vous creuserez également deux orbites pour les yeux. La profondeur des trous ne doit pas dépasser la moitié du diamètre des yeux.

5 Insérez délicatement la perle dans l'orbite, jusqu'à sa moitié. Si cette étape est soigneusement réalisée, vous pourrez ensuite bouger l'œil même après la cuisson de la tête. Faites de même avec la seconde perle.

6 Avec un crayon ou un autre outil, pressez délicatement dans la pâte pour créer une forme de bouche ouverte. Pincez légèrement la partie inférieure du visage entre le pouce et l'index.

Les cheveux

1 Commencez par enrouler la laine noire plusieurs fois autour de vos doigts.

2 Retirez le rouleau de vos doigts et utilisez un autre bout de laine pour le lier au milieu. Serrez fort.

3 Coupez les boucles de chaque côté pour former des franges. Appliquez de la colle à bois sur les mèches et frottez-les entre vos doigts pour que la laine absorbe la colle.

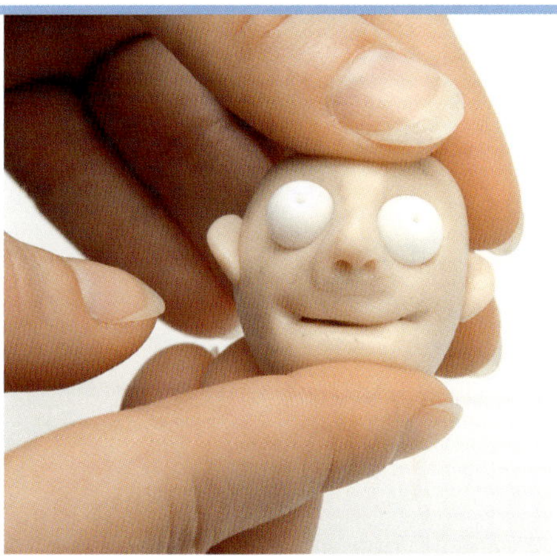

7 Pressez doucement sous le menton pour fermer la bouche. Vous devriez obtenir un joli sourire.

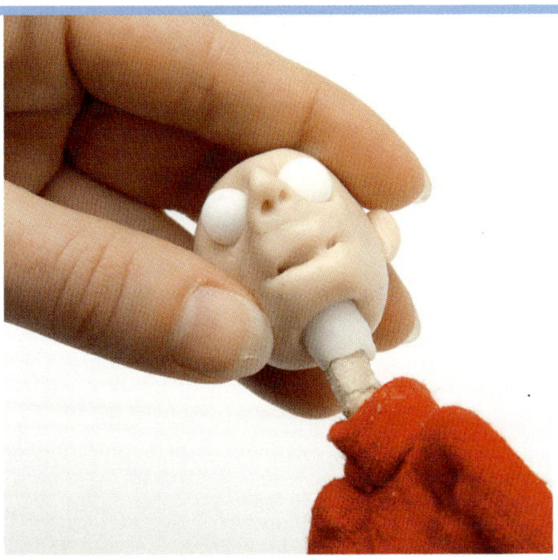

8 Insérez la tête sur le cône de plastique en la tournant légèrement à droite et à gauche. Arrêtez lorsque la tête vous paraît bien placée par rapport aux épaules (le cône de plastique doit être entièrement recouvert et la tête droite). Puis, retirez doucement la tête et mettez-la au four.

Soyez extrêmement délicat en retirant la tête du cou : le risque d'écraser la tête entre vos doigts est élevé, car la pâte polymère non cuite est très malléable. Une fois la tête cuite et durcie, vous pourrez passer aux finitions.

4 Posez la laine sur la tête de la figurine et appliquez chaque mèche avec vos doigts. Laissez sécher une nuit. Les cheveux auront alors durci et seront fermement fixés sur la tête.

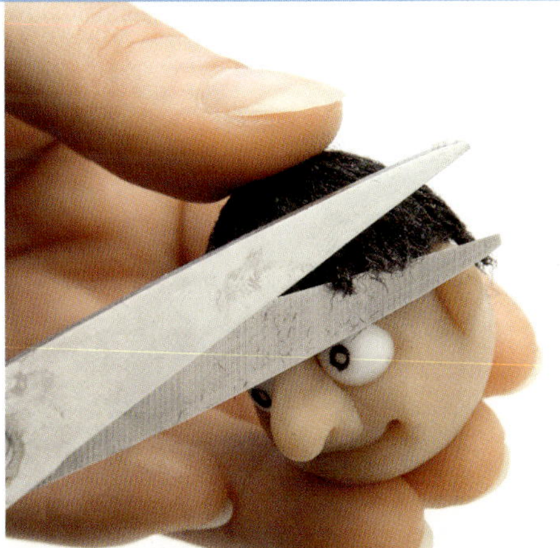

5 Avec des ciseaux, taillez les cheveux à la longueur voulue.

Les yeux

Deux perles de verre opaque formeront les yeux. Le verre est indispensable, car du plastique ou de la résine fondraient au four. La photo montre des perles de verre pressé de 8 mm, mais toute autre diamètre (entre 6 et 12 mm) est acceptable selon la taille de la tête.

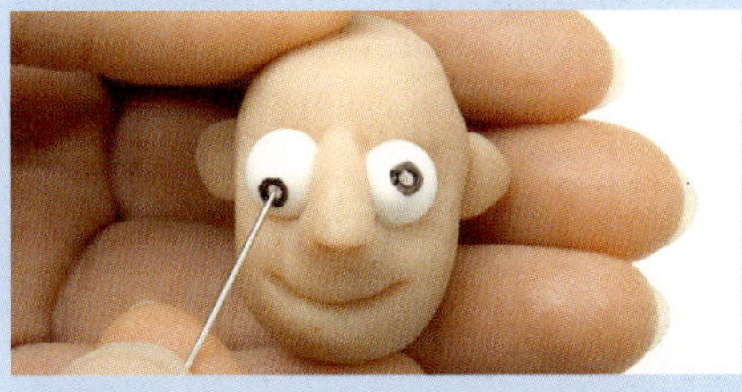

Parfois, on peut faire rouler les yeux du personnage en insérant une aiguille dans le trou de la perle. Mais si la perle colle à la pâte, la manœuvre devient impossible. Il s'agit de savoir jusqu'où presser la perle dans la pâte encore molle, ce qui s'acquiert avec l'expérience.

Un peu de vernis à ongles noir permet de donner à l'œil une pupille permanente.

Fixation de la tête

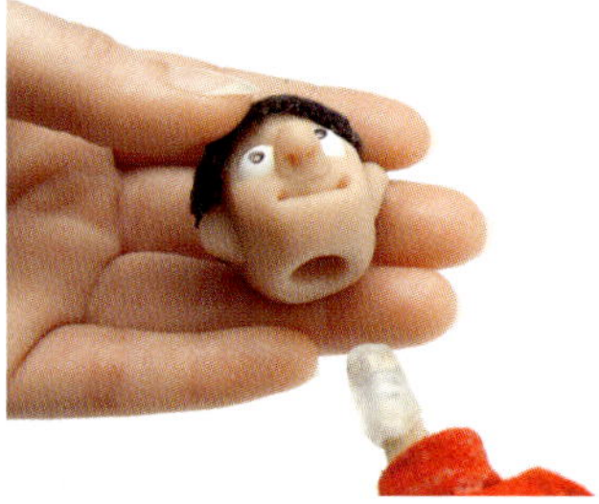

1 Si vous plantez directement la tête sur le cône de plastique, vous risquez de la faire craquer, car la pâte polymère se rétracte légèrement à la cuisson. Aussi, commencez par ramollir le cône en le trempant dans de l'eau chaude. Il se glissera alors aisément dans le trou de la tête. Tournez la tête des deux côtés pour bien l'ajuster. Puis, retirez-la et laissez le cône refroidir.

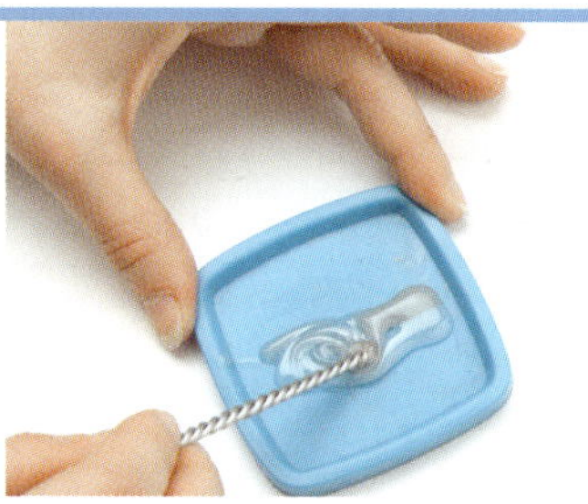

2 Il faut une colle très forte pour attacher la tête au corps. Essayez une colle à prise forte, avec deux composants. Mélangez les composants selon les instructions de l'étiquette.

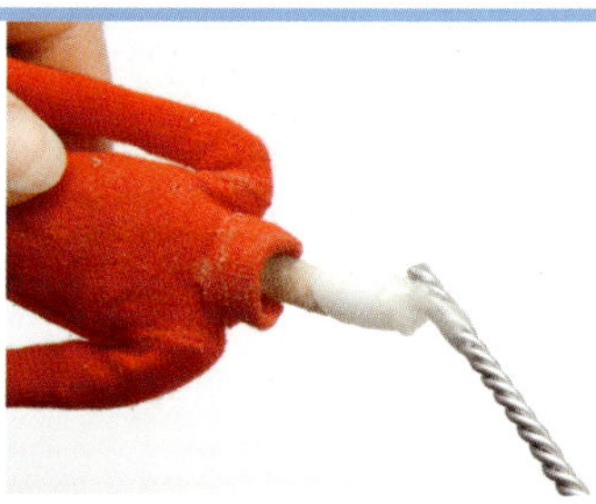

3 Étalez généreusement la colle sur le cône.

4 Insérez à nouveau la tête sur le cou, en la tournant délicatement à droite et à gauche.

Finitions : mains de substitution

Vous pouvez façonner les mains selon la méthode utilisée pour le reste du corps : en couvrant une armature de mousse et de colle. Mais c'est un procédé difficile qui demande de l'expérience. Pour votre première figurine, des mains en pâte à modeler ou en pâte polymère conviendront. Ce type de mains est très flexible et s'anime bien, mais s'use et se casse facilement. C'est pourquoi vous devez fixer les mains en dernier. Réalisez cinq ou six paires de mains identiques et gardez-les près de vous pendant l'animation. Si la main de votre figurine est écrasée ou tombe pendant le tournage, vous aurez immédiatement de quoi la remplacer.

1 Roulez une boulette de pâte entre le pouce et l'index et écrasez-la. Cela vous donne la paume.

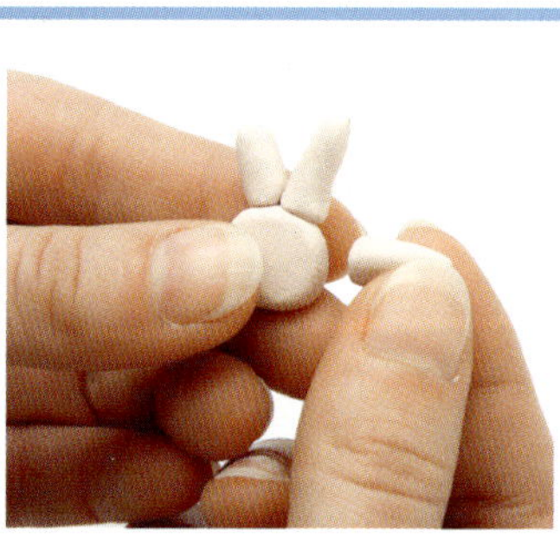

2 Roulez plusieurs petits cylindres et apposez-les délicatement sur la paume. Il s'agit des doigts.

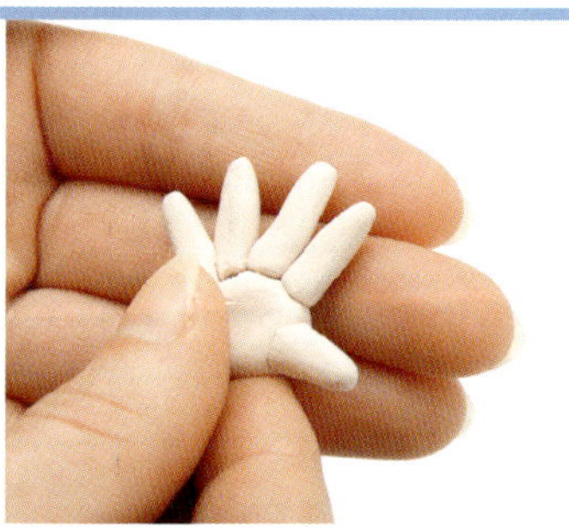

3 Ajoutez un cylindre plus petit pour faire le pouce. Aplatissez doucement le joint entre la paume et les doigts.

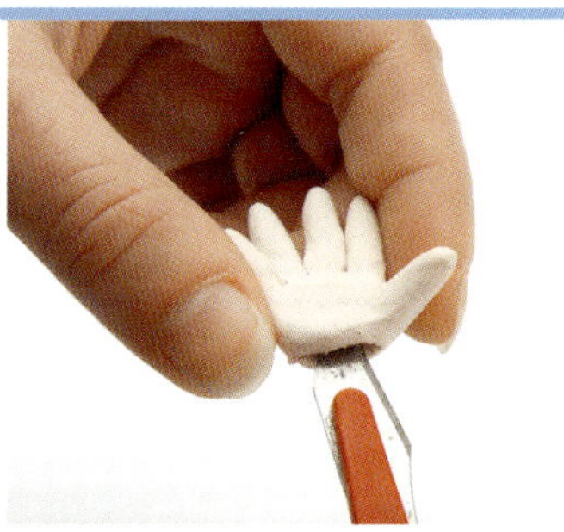

4 Avec une lame ou un outil similaire, créez une petite ouverture à la base de la main.

5 Nettoyez l'excédent de colle avec un mouchoir. Assurez-vous que la tête est droite, dans une bonne position, et laissez sécher toute la nuit.

Ancres et surfaces

Souvenez-vous de l'écrou et du boulon utilisés pendant la fabrication du pied. Chaque pied comporte donc un écrou solidement fixé, qui représente une partie du système d'« ancre ». L'autre partie est le boulon. On place les pieds de la figurine sur des trous creusés dans la surface du plateau, on fait passer les boulons par les trous, et on les visse à l'intérieur des pieds pour fixer le personnage au sol. Un papillon (ou écrou à ailettes) à la tête du boulon permet de le visser plus facilement

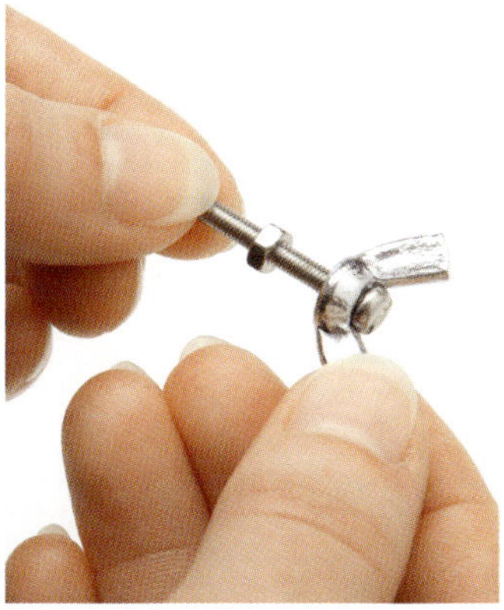

1 Glissez le papillon sur le boulon, puis ajoutez un écrou.

2 Vissez l'écrou jusqu'au bout sur le boulon, coinçant ainsi le papillon. Serrez fort le boulon avec des tenailles et déposez une épaisse couche de colle époxy tout autour pour envelopper l'écrou et le papillon. Laissez sécher une nuit. Il est conseillé de fabriquer plusieurs ancres de secours, car les papillons se désengagent fréquemment de leur gangue de colle. Laissez les ancres vissées aux pieds des figurines en dehors des tournages, pour ne pas les perdre.

Pour créer les ancres, utilisez deux boulons de 3 mm, deux écrous de 3 mm, et deux papillons de taille appropriée. La colle époxy n'est pas visible sur la photo, car elle devient transparente en séchant.

À SAVOIR

Pour attacher les ancres de la figurine à la table, vous devrez forer celle-ci. Utilisez une vieille table inutile, ou, si vous n'en avez pas, protégez votre table avec du tissu doublé et installez une planche d'aggloméré dessus, surélevée d'une vingtaine de centimètre. Cet espace permettra de forer l'aggloméré.

5 Glissez délicatement la main sur le disque au bout du bras de la figurine, jusqu'à ce qu'elle atteigne le bord de la manche.

6 Assurez-vous que la main couvre bien le disque de tous les côtés.

L'animation en *stop-motion*

Une fois la figurine fixée à la surface, la caméra prête et les lumières réglées, le moment est venu de tester votre création. Vous constaterez qu'un personnage aussi articulé est particulièrement facile à animer : vous parviendrez à produire des mouvements des bras ou des mains en quelques minutes. La difficulté sera de donner subtilité et réalisme au comportement du personnage. Pour mieux saisir la façon dont il doit agir et réagir, vous pouvez interpréter vous-même la séquence devant une glace, en analysant vos expressions et votre langage corporel. Vous vous sentirez peut-être un peu ridicule au début, mais ça ne pourra qu'améliorer le jeu de votre personnage.

Cligner des yeux

Jouez les trois scènes suivantes devant votre miroir en n'utilisant que vos expressions faciales.

- Vous lisez tranquillement un livre, quand soudain, un bruit venant de derrière vous fait sursauter.
- Vous venez juste de sortir de chez vous, et vous avez la vague impression d'avoir oublié quelque chose.
- Vous venez de faire une grosse bêtise, et vous essayez de vous faire pardonner.

Avez-vous cligné des yeux dans une ou plusieurs de ces situations ? Cela peut vous paraître insignifiant, mais cligner des yeux est un moyen d'expression précieux pour une figurine. Cela contribue à lui donner vie, à animer correctement l'expression de son visage.

Mettre en scène un clignement

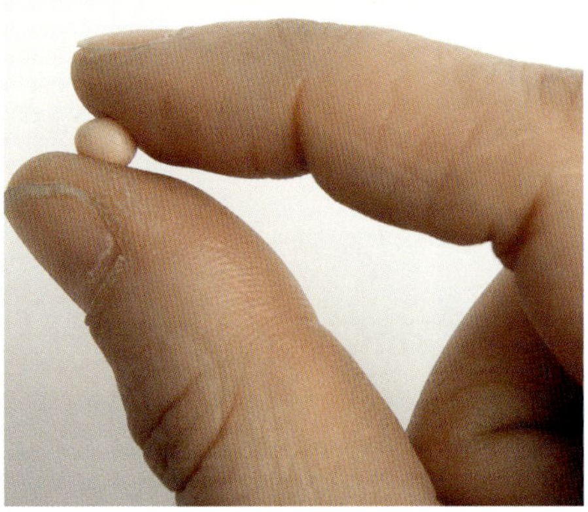

1 Roulez une boulette de pâte polymère entre le pouce et l'index. Une fois aplatie, elle doit recouvrir toute la surface apparente de l'œil du personnage, comme une paupière. Recommencez si besoin est.

5 Avec le cutter, tracez délicatement une ligne courbe en travers d'un œil, près du haut.

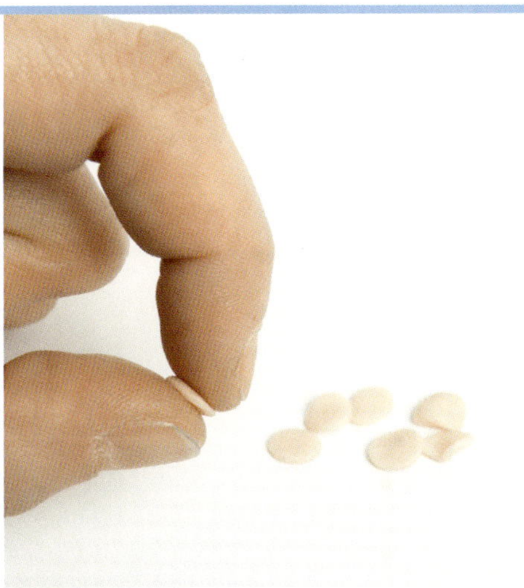

2 Un fois la taille adéquate déterminée, créez cinq ou six disques identiques. Ils seront taillés plus tard pour servir de paupières de substitution.

3 À l'aide d'un pinceau, déposez un tout petit peu d'huile sur l'œil du personnage, afin d'éviter que la pâte n'y adhère trop.

4 Placez la première paire de paupières sur les deux yeux et étalez-les doucement. Peu importe si le résultat semble grossier : on ne les verra à l'écran que l'espace d'une image ou deux.

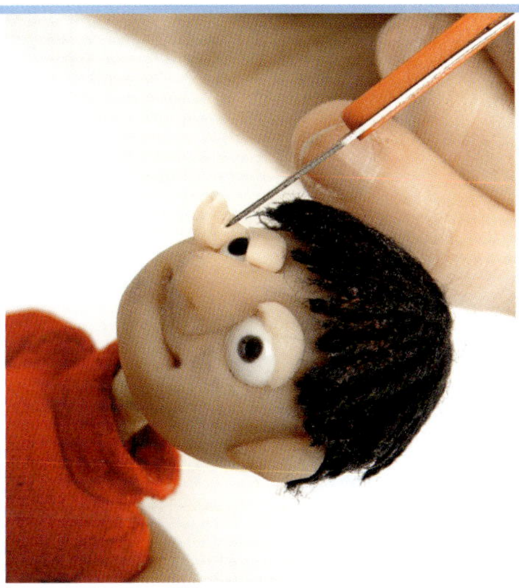

6 Avec la pointe de la lame, décollez doucement la partie inférieure de la paupière, en veillant à ne pas modifier la position de la figurine. Faites de même avec l'autre œil afin d'avoir une paire de paupières identiques.

7 Orientez la tête pour fixer son regard légèrement vers la droite du cadre.

8 En tournant en vitesse 2s, déplacez image par image la tête jusqu'à ce qu'elle soit de profil, entièrement tournée vers la droite.

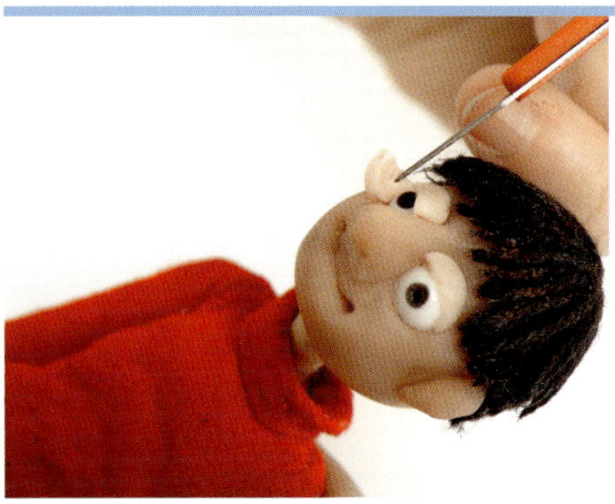

9 Avec la pointe de la lame, retirez délicatement les paupières. Recouvrez intégralement les deux yeux avec une nouvelle paire. Cette fois-ci, tracez un trait droit en travers des yeux, de droite à gauche, plus bas que la dernière fois, à la moitié de l'œil. Retirez la partie inférieure des paupières. Les yeux paraissent à demi clos.

10 Capturez 2 images. Retirez les demi-paupières et recouvrez l'œil intégralement par une nouvelle paire. Capturez 2 images de plus.

11 Pour ouvrir à nouveau les yeux, répétez les étapes précédentes à l'envers : passez de la paupière entièrement fermée (étape 4 ou 10) à la paupière mi-ouverte (étape 9), puis à l'œil presque totalement ouvert (étape 6), et enfin à l'œil nu sans paupières.

Saluer de la main

Observez-vous dans la glace alors que vous levez la main gauche, les doigts écartés et la paume en avant. En gardant les doigts et le poignet aussi rigides que possible, secouez l'avant-bras de gauche à droite une dizaine de fois, en ne bougeant que votre coude. Puis fermez les yeux, imaginez que vous êtes à une soirée et que vous venez de repérer un ami à l'autre bout de la pièce. Ouvrez les yeux et saluez de la main votre reflet comme si c'était cet ami.

Vous noterez une profonde différence entre les deux actions. La première est factice, artificielle, tandis que la seconde est naturelle et détendue. C'est parce que la deuxième fois, vous n'avez pas réfléchi à la façon de bouger, vous avez juste voulu attirer l'attention de quelqu'un. Les doigts étaient moins tendus, vous n'avez presque pas bougé le coude, c'est le poignet qui a fait tout le travail.

SALUER DE LA MAIN

1 Cadrez la figurine à partir des genoux et faites-la poser les bras le long du corps et la tête vers la gauche. Capturez 30 images sans mouvement. L'espace de 15 images, tournez la tête en direction de la caméra, et ajoutez un clignement des yeux (voir exercice précédent)

2 Vous allez mettre le bras et la main en position pour le salut. Relevez progressivement l'avant-bras en pliant un peu le coude. Capturez 2 images à chaque mouvement, l'espace d'une demi-douzaine d'images.

12 En visualisant la séquence à vitesse réelle, vous obtenez un clignement des yeux tout simple. Pour ralentir le clignement, ajoutez davantage de paupières intermédiaires (cinq au lieu de trois) ; pour l'accélérer, n'utilisez que deux formes de paupières. Maîtriser la technique du clignement vous demandera peut-être plusieurs essais infructueux, mais cela en vaut la peine. Quand vous êtes à l'aise, combinez-la à divers mouvements de la tête.

3 Lorsque le bras se lève pour saluer, le poignet est encore lâche. La main et les doigts pendent, dans une attitude détendue.

4 Une fois le bras en position, capturez 5 images sans mouvement, puis, sur 5 autres images, relevez la main et les doigts et écartez les doigts pour les préparer au salut. Capturez 5 images sans mouvement.

5 On crée un salut de la main en pliant légèrement le poignet. La main bouge en cinq fois de droite à gauche. Au cinquième mouvement, on inverse le sens (de gauche à droite). Notez l'inclinaison des doigts en fonction de la direction du mouvement. Ceci rend l'action plus vivante et réaliste. Faire ainsi « traîner » les éléments est une astuce de base de l'animation.

Jeu et expression

Pour améliorer le jeu de votre personnage, ne pensez pas seulement à ses mouvements, mais à ce qu'il pense en les accomplissant.

Simple courbette

La courbette basique implique juste de baisser la tête, parfois en portant rapidement la main au ventre. C'est souvent un mouvement rapide, et un peu raide.

1 Les genoux pliés, les bras sur les côtés, les yeux en avant : le personnage se prépare à faire la courbette.

2 Utilisez la technique du clignement pour abaisser ses paupières en signe de modestie. Ses épaules s'affaissent.

3 La figurine se courbe en avant au niveau de la taille.

4 Soudain, ses genoux se raidissent et il redresse le dos. Sa nuque est encore courbée et ses yeux fermés.

5 À la fin, la tête se relève, les yeux s'ouvrent : le personnage fait face à son public.

Timidité

Les pieds tournés vers l'intérieur, les mains jointes dans le dos, la tête inclinée, les yeux baissés : voilà quelques symptômes visibles de timidité.

Surprise

La figurine se tient sur un pied et porte ses mains en avant, les doigts écartés. Ajoutez un petit morceau de pâte polymère au visage juste en dessous du nez, et faites-y un trou avec la mine d'un crayon. Cette bouche ouverte associée aux yeux grands ouverts donne une expression parfaite de surprise.

Révérence sophistiquée

Cette fois-ci, le personnage sort le grand jeu. Il se courbe très bas, balance une main derrière lui (avec quelques effets de manche) et ouvre ses bras à son public.

1 Avec une main sur le cœur et l'autre sur le côté, le personnage dirige son regard vers son public adoré.

2 Utilisez la technique du clignement tout en courbant la figurine. Sa main est toujours sur son cœur, et l'un de ses pieds se positionne légèrement devant l'autre.

3 Dans un geste grandiloquent, la figurine baisse lourdement la tête pour remercier le public de ses vivats.

4 Une fois la révérence accomplie, la figurine se redresse, les bras ouverts en signe d'amour.

Fierté

En bombant le torse, en posant sa main sur son cœur et en relevant le menton, la figurine exprime sa fierté. Le langage corporel de votre entourage peut être une riche source d'enseignement.

Colère

Relevez les épaules de la figurine et pliez ses coudes. Repliez les doigts afin de former des poings. Baissez le cou et la tête vers l'avant. Des paupières en biseau et une bouche à l'envers sont un symbole de colère universel. Pour trouver l'inspiration, les images de personnes en colère ne manquent pas dans la presse.

Autres types de figurines

Les figurines de *stop-motion* peuvent prendre toutes sortes de formes et de tailles. Elles peuvent être simples et peu onéreuses, mais aussi, dans un cadre professionnel, nécessiter des procédés industriels coûteux comme les moulages de silicone ou le montage d'armatures complexes sur machine.

La même armature basique d'aluminium et de plastique à modeler peut servir à créer toutes sortes de personnages, en ne modifiant que l'habillage et les finitions.

Figurines à fixation simple

Une figurine doit être aussi légère que possible. Même si l'aluminium et le plastique à modeler sont des matières légères, l'ajout des vêtements, de la tête et autres finitions alourdit l'armature : des ancres sont donc nécessaires. La figurine de lièvre ci-dessous est fabriquée d'une manière différente, ce qui la rend plus légère. On colle et coud des morceaux de fibre creuse (une matière synthétique que l'on retrouve dans des coussins ou des couvertures) pour former le lièvre, et on recouvre le tout de nylon (une culotte doit faire l'affaire). La figurine est si légère que de simples épingles suffisent à la maintenir en place. On les enfonce dans des morceaux de liège fixés à la table.

Le lièvre achevé. Voyez la simplicité de la fixation.

À SAVOIR

Faites un croquis ou deux de la créature que vous souhaitez représenter et renseignez-vous sur son anatomie. Photos et peintures sont une source précieuse d'informations sur les proportions et l'emplacement des articulations.

FABRICATION DU LIÈVRE

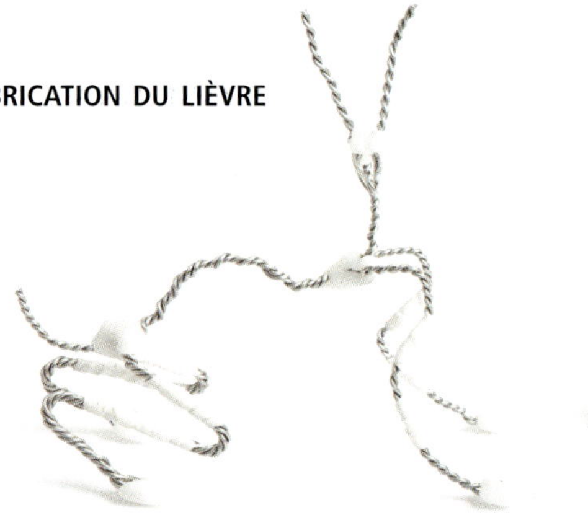

1 La création de l'armature du lièvre est similaire à celle exposée p. 72 à 75. À partir de croquis préliminaires, façonnez les fils d'aluminium pour leur donner la forme du lièvre, tête et oreilles comprises. Ajoutez du plastique à modeler aux endroits qui doivent rester rigides, suivant votre idée. Puisque de simples épingles serviront d'ancres, inutile d'insérer un écrou et un boulon dans les pattes.

2 Déposez une épaisse couche de colle sur l'armature et commencez à y ajouter des morceaux de fibre creuse. Vous pouvez déjà sculpter la forme du lièvre. Maintenez l'ensemble en place avec des points de bâti.

Le style visuel de la figurine

Vos premières figurines seront un moyen de vous entraîner à la pratique de l'animation. Mais une fois les bases de cette discipline acquises, vous souhaiterez sûrement animer une histoire ou une scène particulière. Le choix de vos personnages devra alors tenir compte de deux facteurs.

Quel est le genre du film ?

S'il s'agit d'une série de joyeux gags ou d'une histoire d'épouvante, votre figurine n'a forcément pas la même allure. Son esthétique dépend de l'histoire que vous voulez raconter et du public que vous visez.

Quels mouvements la figurine devra-t-elle exécuter ?

Un personnage destiné à marcher ou danser s'usera plus vite qu'un personnage de second plan avec moins d'actions à effectuer. Faites des économies sur ces seconds rôles dont le temps de présence à l'écran est limité. Des économies de matériel, mais aussi de temps : vous pouvez vous dispenser de leur fabriquer des jambes si vous ne les filmez qu'en gros plan.

La figurine ci-dessus a été fabriquée pour le court-métrage Peacock*, d'une durée de 7 minutes et qui a demandé 3 mois de tournage. Pour supporter un tournage si long, la figurine était équipée d'une armature à articulations sphéroïdales. Ces articulations, formées d'une boule insérée dans un creux, sont fabriquées spécifiquement pour l'industrie de l'animation et coûtent très cher. Le corps et la tête ont été moulés dans du silicone.*

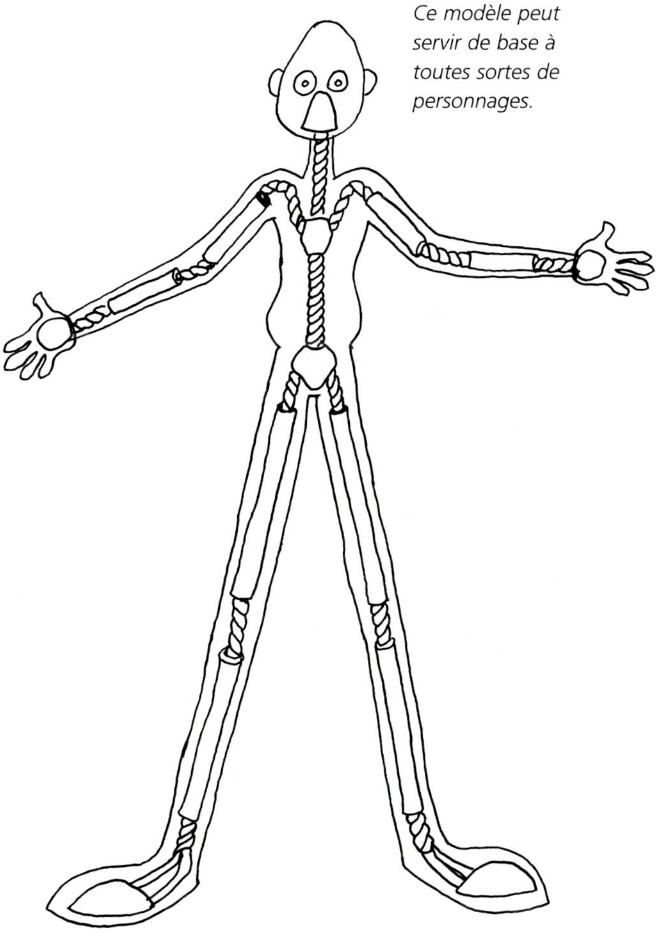

Ce modèle peut servir de base à toutes sortes de personnages.

3 Recouvrez toute la figurine de nylon. Tendez bien le tissu et maintenez-le avec de petits points nets. Ajoutez les détails de la gueule.

La figurine terminée est simple, légère, et flexible.

Les figurines ci-dessous sont la création de l'animatrice Rebecca Hurwitz. Les armatures sont faites de fil d'aluminium, et la chair de couches successives de fibre creuse et de colle. Les vêtements sont collés ou cousus sur les corps. Bien que la conception visuelle soit très simple, les personnages sont attachants et expressifs.

Les accessoires et décors de la *stop-motion*

De plus en plus à l'aise dans la fabrication de figurines, vous aurez peut-être envie de les mettre en scène dans des séquences plus élaborées, avec un décor et des accessoires. La complexité du décor dépend uniquement de vos désirs. Voyons d'abord les exemples les plus simples.

Arrière-plan de base

Un moyen facile de fournir à votre personnage un fond d'image simple et constant est d'accrocher au mur un drap ou une feuille de papier. La partie inférieure de ce fond repose à plat sur la table de tournage.

Un fond simple donne de l'unité à l'arrière-plan devant lequel évolue le personnage.

Arrière-plan en « rideau »

Si vous désirez fabriquer un décor légèrement plus complexe, il vous faut une fixation plus élaborée de l'arrière plan. Un simple échafaudage fixé à la table par des serre-joints vous permet d'obtenir une véritable « scène de théâtre » où suspendre des éléments de décor. L'échafaudage ne demande que des matériaux courants tels que des chutes de bois, de la colle, et des vis à bois.

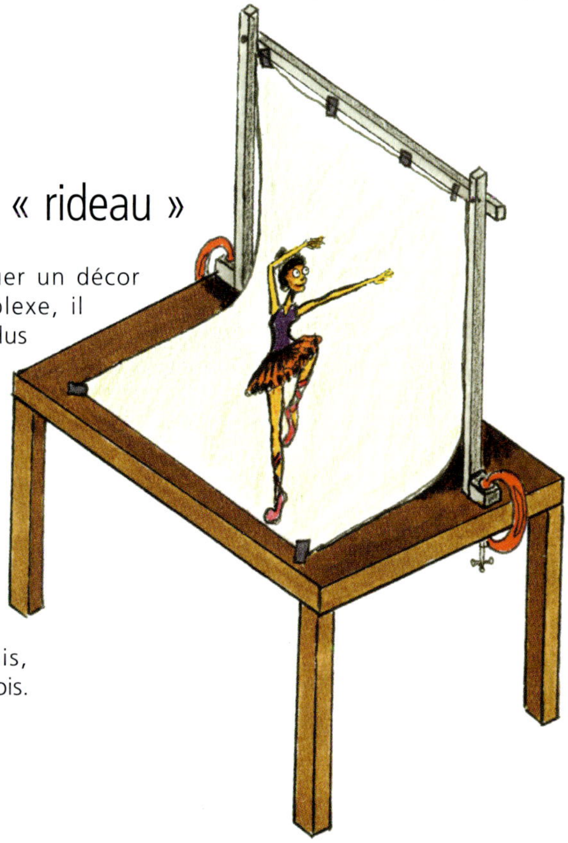

Le rideau en arrière-plan vous permet de créer librement et d'inclure toutes sortes d'éléments au décor.

À savoir absolument avant de fabriquer son décor

Travaillez en fonction de la figurine
Il y a des règles esthétiques à suivre au sujet du décor. Si votre figurine est plutôt réaliste, des accessoires en pâte à modeler et un décor en papier risquent de nuire à sa plausibilité. Inversement, si le personnage est d'apparence caricaturale, il risque de jurer dans un décor hyperréaliste. Prenez vos décisions en fonction de la séquence que vous envisagez, de l'apparence du personnage, et de l'histoire.

Restez simple
Pour une scène intérieure, ne montrez que l'essentiel. Vous n'avez pas besoin d'inclure un valet de nuit, une penderie, des miroirs en pied, des pantoufles et une commode si l'histoire ne concerne qu'un homme au lit qui ignore son réveil. Votre public a de l'imagination. Fournissez-lui juste de quoi comprendre qu'il s'agit d'une chambre à coucher. C'est l'histoire qui l'intéresse.

Échelle
Réfléchissez sérieusement à la taille de vos figurines et de vos décors. Si vous voulez mettre en scène votre personnage au milieu d'une immense église, fabriquez une réplique minuscule du personnage et le décor intérieur à l'échelle. Puis, reprenez votre figurine de taille normale, et filmez-la au plan suivant devant un fond neutre. Dans le cas d'arrière-plans génériques comme un papier peint ou un mur de briques, tâchez de leur donner une échelle vraisemblable par rapport au personnage. Si l'histoire implique des portes ou des chaises, veillez à ce que le personnage puisse y passer ou s'y asseoir.

Tout se passe devant la caméra
N'oubliez pas, en fabriquant le décor, que la figurine doit y être filmée. Placer au fond du décor un élément important (une porte par exemple), vous contraindrait à des contorsions grotesques pour pouvoir filmer le personnage jouant avec lui. N'oubliez pas que les mouvements de la caméra sont limités par le cadre.

Placement
Tout dans le décor doit être fermement fixé au sol, même les éléments destinés à être déplacés. Parfois, vous serez contraint de manipuler la figurine dans une position inconfortable, et vous toucherez inévitablement les autres objets. S'ils bougent ou tombent pendant la prise de vue, vous ne retrouverez jamais la position exacte dans laquelle ils étaient (et perdrez du temps à essayer !).

Matériel de construction

Papier
De petits détails tels que des tableaux ou des rideaux peuvent être dessinés, découpés, puis collés sur le décor.

Balsa
Ce bois très léger est facile à couper et à coller. On peut le poncer et le peindre. Il permet d'obtenir des tables, des chaises et des portes très réalistes.

Carton
À éviter pour les murs (trop instable), le carton fonctionne bien pour des petits éléments, comme cette horloge.

Carton-plume
Souvent désignée par son nom anglais, Foamcore, *c'est une plaque de polystyrène recouverte de chaque côté par deux feuilles de styrène. On la taille aisément au cutter pour façonner murs, meubles et accessoires plats.*

Pâte polymère
On utilise la pâte polymère cuite pour les petits objets, comme ce téléphone et cette corbeille à fruits. Esthétiquement, cela fonctionne bien si la tête de votre personnage est faite du même matériau.

« Lumières, moteur... action (par petits bouts) ! »

Un bon décor et des accessoires appropriés donnent plus d'envergure à votre travail, mais il y a encore d'autres éléments à connaître pour rendre votre film vivant et attrayant.

Murs
N'utilisez que deux murs formant un angle pour créer un décor intérieur. Ainsi, vous aurez aisément accès aux figurines et pourrez placer la caméra devant ou sur la gauche.

Un décor modifiable
Plutôt que de fixer les murs de façon permanente, ajustez-les avec un serre-joint. Il peut s'avérer utile de pouvoir déplacer un mur pour faire de la place à la caméra ou à l'animateur.

Détails muraux
Évitez de vous prendre pour un décorateur intérieur. De simples détails suffisent : c'est le personnage qui doit retenir l'attention.

Lumières
L'éclairage d'un décor est parfois difficile. Pouvoir contrôler non seulement la position des lampes, mais aussi l'intensité de la lumière est un plus indéniable. Investir dans des lampes équipées de cette fonction peut être un atout.

Sol
Un sol neutre, comme ces lattes de bois, est parfait pour les trous des ancres. Vous pouvez les dissimuler avec de la plasticine de la même couleur. Pour parachever la retouche, un peu de peinture de couleur similaire donnera aux lattes un aspect tacheté et réaliste.

Ombres et lumières
Si possible, tentez d'éclairer le décor comme s'il s'agissait d'un véritable lieu. Par exemple, placez une lampe derrière la fenêtre que vous aurez taillée dans le mur, pour créer une ombre naturelle au sol.

L'impact dramatique de l'éclairage

Le sujet principal de l'éclairage, c'est le personnage. On l'éclaire pour le rendre visible et pour y focaliser l'attention du public. L'éclairage est déterminé par une ou plusieurs sources de lumière. Leur orientation doit répondre à des critères pratiques et de mise en scène.

Éclairage frontal en contre-plongée
Cela agrandit l'ombre du personnage et donne un air lugubre à son visage. C'est un angle d'éclairage à l'impact dramatique fort, mais peu commun pour une figurine. Un éclairage un peu moins bas et intense (similaire aux rampes du théâtre) permet de compenser les ombres projetées par la lumière du haut.

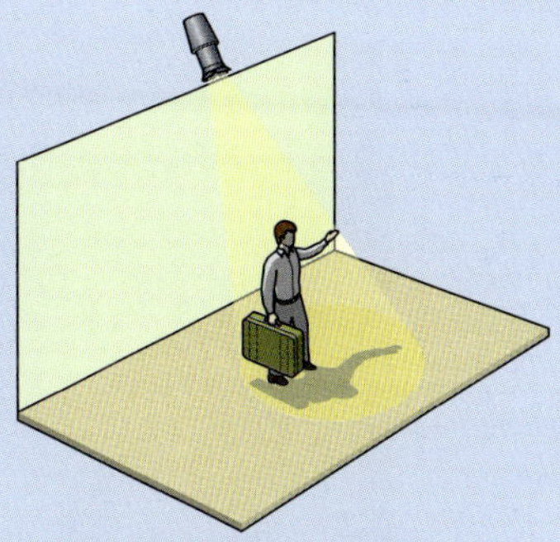

Éclairage en contre-jour
Le visage de la figurine n'est pas très éclairé, mais le contre-jour fait ressortir le personnage du décor. Comme la lumière ne touche pas directement le visage du personnage, il est conseillé de lui donner des couleurs vives. Le contre-jour est utilisé par divers angles : haut, bas, en diagonale, etc.

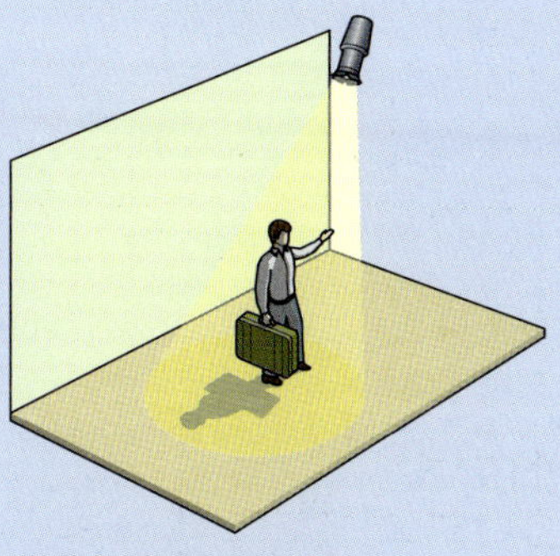

Éclairage latéral
C'est un éclairage à forte connotation dramatique, qui peut aussi compenser les ombres d'un éclairage haut ou en contre-jour. Un éclairage latéral fort peut également avoir une signification narrative (lumière du soleil, de la lune, sensation de chaleur, de froid, etc.). Il peut aussi souligner le relief, les qualités physiques d'un objet (comparé à la contre-plongée qui lui donne un aspect fantomatique). Il sert souvent d'éclairage standard.

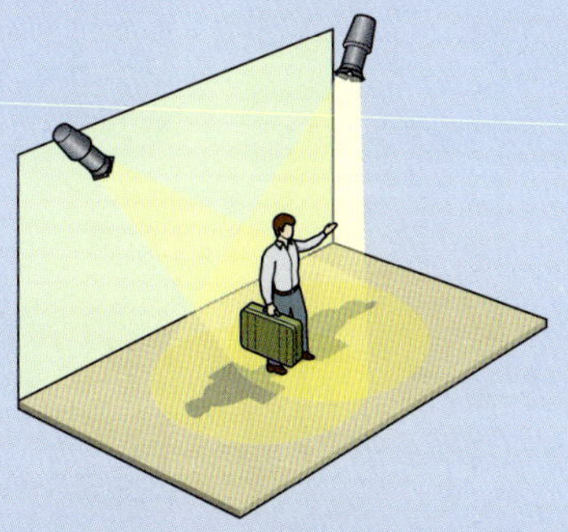

Deux éclairages latéraux
Ces deux sources de lumière délimitent une zone d'éclairage précise, mettent en valeur le visage du personnage, et évitent la déperdition de lumière vers le haut.

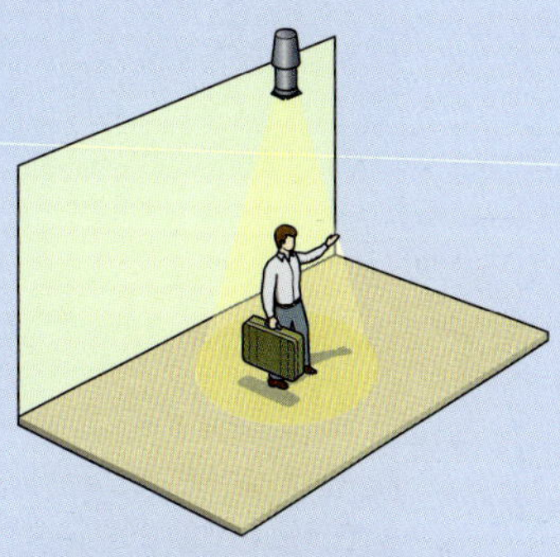

Éclairage en plongée
La lumière n'éclaire alors qu'une surface définie et limitée, et crée des ombres agressives sur le visage de la figurine. C'est une technique efficace pour les numéros de danse ou les scènes dramatiques, mais à éviter si l'on veut préserver la visibilité du visage.

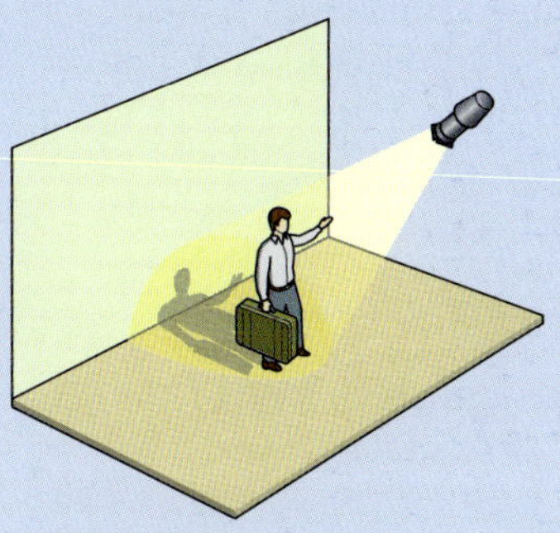

Éclairage frontal
Un éclairage frontal (à 45 ou 60°) est sans doute l'idéal pour les scènes où le visage doit être mis en valeur. Il offre de plus une grande liberté de mouvement (vers l'avant et l'arrière de la scène). Toutefois, la zone d'éclairage est moins précise, et la déperdition de lumière vers le haut est notable.

Extraits : décors et accessoires

Fabriquer des décors et des accessoires pour la *stop-motion* demande énormément d'imagination et d'innovation. Les images ci-dessous sont extraites de six films différents. Ils ne présentent qu'une partie infime de l'éventail d'objets utilisés pour accessoiriser et décorer ces films. Chaque méthode est personnelle et unique. Elle reflète l'esprit du film, les techniques et outils disponibles, et la vision créatrice de l'animateur.

Tivish ***de Mary Murphy***
Ici, le décor est simplement peint sur une plaque d'aggloméré fixée au mur. La lune est un cercle de papier blanc éclairé par un projecteur dirigé sur elle. Le paysage est fait de morceaux de mousse de coussins disposés sous un tissu noir. La première image montre la figurine principale, et la seconde met en scène une réplique en miniature filmée dans le même décor.

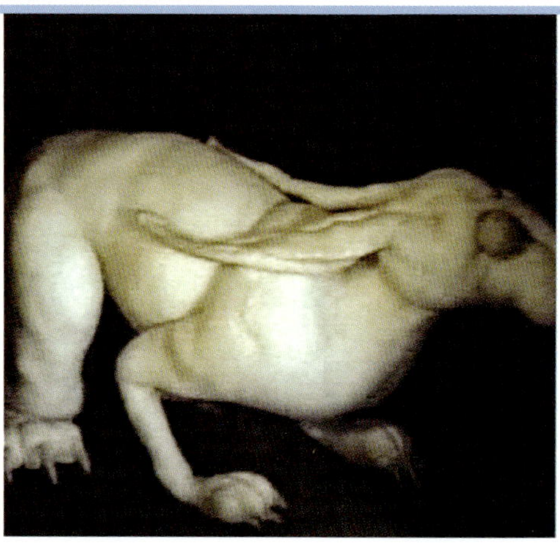

Peacock ***de Mary Murphy***
Les objets trouvés donnent parfois d'excellents accessoires. La brosse à cheveux de la première photo est en fait une tête de brosse à dents dorée à la peinture. Le cadre à photo était l'anneau d'une clé, et le vase était un échantillon de parfum gratuit. La seconde photo montre comment un décor simple permet de focaliser l'attention du spectateur sur le jeu de la figurine. L'arrière-plan est un rideau de velours noir, qui laisse l'attention sur le personnage.

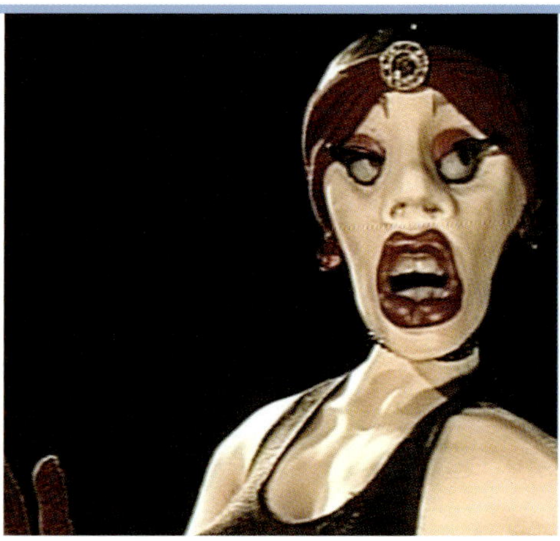

Hiking Trip ***de Cari Merryman***
La fabrication de ces arbres est étonnamment simple. Les troncs sont des bambous couverts d'un papier sur lequel sont imprimés des photos de véritables troncs en gros plan. Les feuilles sont aussi issues de photos, découpées dans des tailles diverses, et fixées avec de la colle.

Yoke ***de Mary Murphy***

Le ciel est constitué d'un morceau de velours pendu devant une table lumineuse posée verticalement. Les étoiles et la lune sont des trous dans le tissu. Le paysage est fait avec de la mousse pour coussins recouverte d'un tissu extensible. L'œuf a été fabriqué en couvrant un ballon de plusieurs couches de mouchoirs en papier et de colle PVA.

The Mason ***de Vibeke Cleaverly***

Les murs de ce décor très naturaliste sont en plaques d'aggloméré, et les rondins sont fabriqués avec des chevilles de bois. Les meubles sont en balsa.

Sandcastles ***de Rebecca Hurwitz***

Tout, dans ce film, est fait de fil d'aluminium et de feutre. C'est un très bon exemple d'adéquation entre les figurines, le décor, et l'histoire, quant au choix des matériaux de construction. Les personnages sont en harmonie avec le cadre.

La *stop-motion* à l'écran

Avant de commencer à animer, déterminez précisément quel est le rôle du personnage et les mouvements qu'il doit faire. Même lorsqu'on est rompu à la technique de l'animation, il faut savoir où l'on va. La *stop-motion* n'est pas la meilleure technique pour l'improvisation.

Gym

Cette séquence démontre l'importance des ancres. Pour que la figurine s'accroupisse, il faut exercer une certaine pression vers le bas. Pour qu'elle se relève, on doit la redresser graduellement. Les deux opérations sont grandement facilitées si les pieds sont fixés à la surface.

Je vous ai apporté des fleurs…

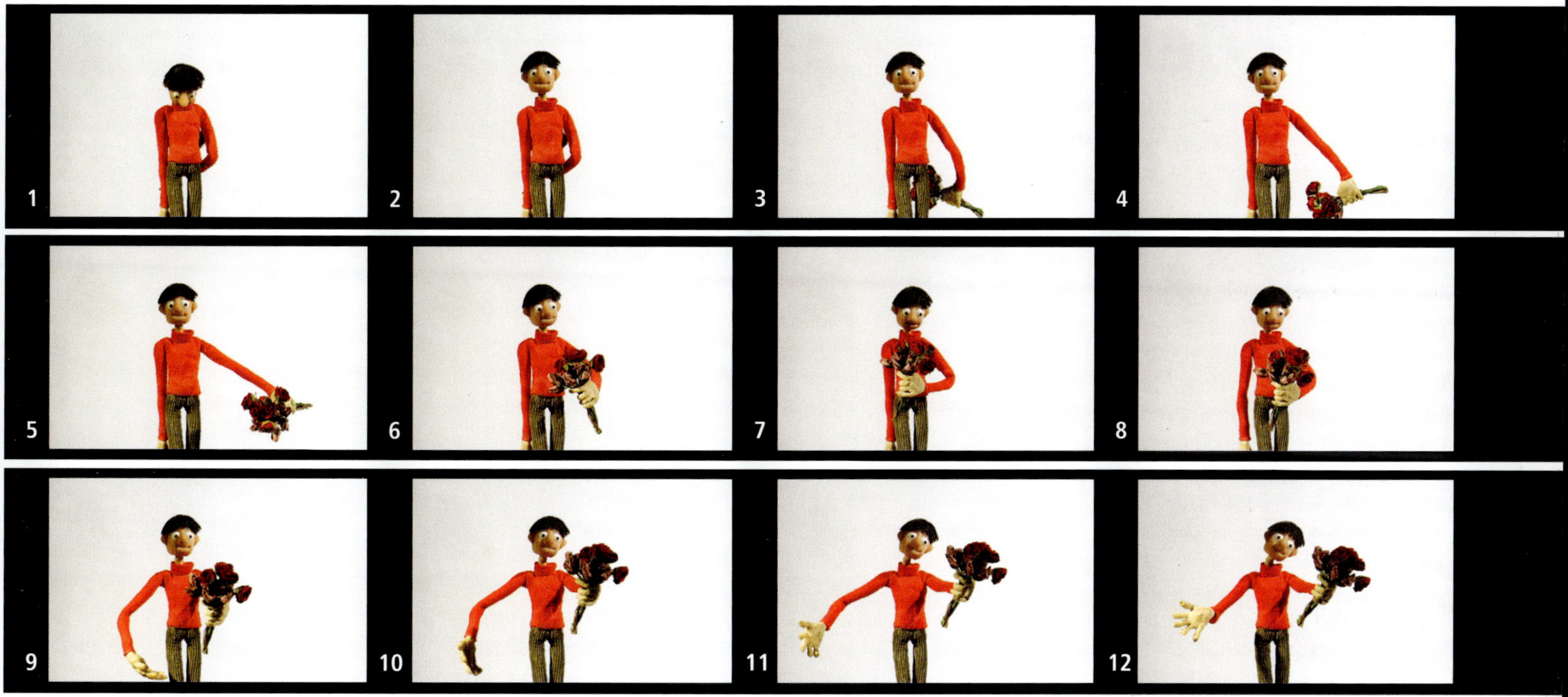

Le jeu, l'interprétation est primordiale lorsqu'on anime une figurine. L'animateur doit non seulement prévoir les actes physiques du personnage, mais aussi connaître ses sentiments. La position de la tête dans la première image indique que le personnage ressent de la timidité.

Pour moi… ?

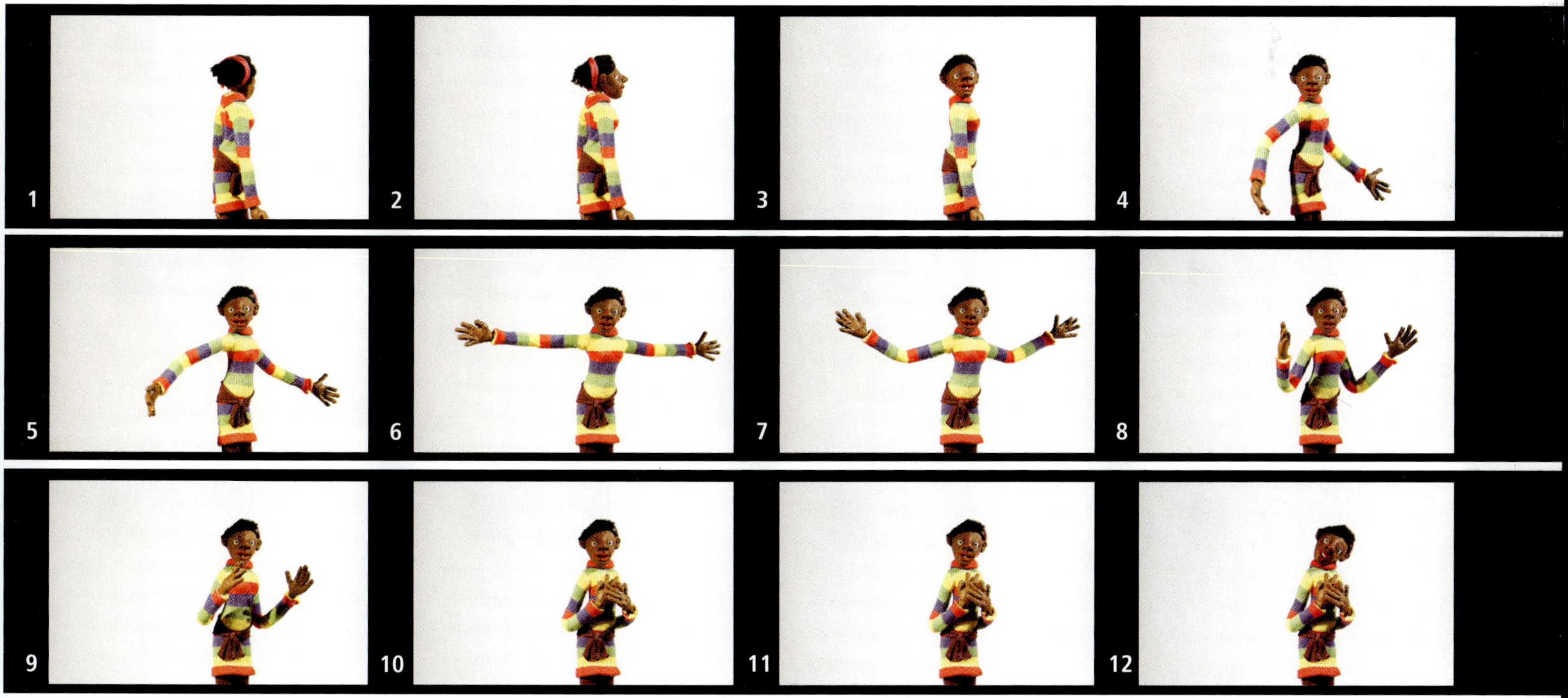

Cette séquence répond à la précédente. On peut soit la monter directement après, soit l'intercaler dans la première séquence, avant que le garçon ne tende le bouquet à la fille.

Créer une **démo**

En travaillant sur les divers exercices de ce livre, vous allez accumuler une belle collection de petits morceaux de films. Vous pouvez les montrer à d'autres tels quels, mais il est plus agréable pour vous et pour le spectateur d'assembler une courte séquence contenant vos efforts les plus réussis : une bande de démonstration, ou « démo ». Ce sera aussi l'occasion de vous essayer au montage, à la sonorisation, aux titres... des techniques à connaître pour faire soi-même un film.

Montage

Pour produire une démo, il vous faudra utiliser un logiciel de montage (voir p. 13). Il vous faudra un peu de pratique avant d'être complètement à l'aise, mais une fois familiarisé avec les fonctions basiques expliquées dans les pages suivantes, vous serez en mesure de commencer le montage de votre démo. Le logiciel utilisé ici est iMovies, mais les étapes sont similaires dans n'importe quel logiciel (seule l'interface change un peu).

Que doit contenir une démo ?

Une démo rudimentaire doit contenir quatre éléments fondamentaux :

- vos exemples d'animation ;
- des transitions simples ;
- du son ;
- des titres et des génériques (de début et de fin).

Choisissez les extraits

1 Votre bande démo se constituera de séquences animées exportées depuis votre logiciel de capture. Choisissez vos extraits favoris, nommez-les de façon pratique, et sauvegardez l'ensemble dans un dossier spécifique.

Importez les extraits

2 Dans votre logiciel de montage, cliquez sur « Fichier », puis « Importer » pour accéder à vos extraits. Ils apparaîtront dans le panneau « Clips », à gauche de l'écran. C'est là que toutes vos séquences d'animation sont stockées, prêtes à être sélectionnées.

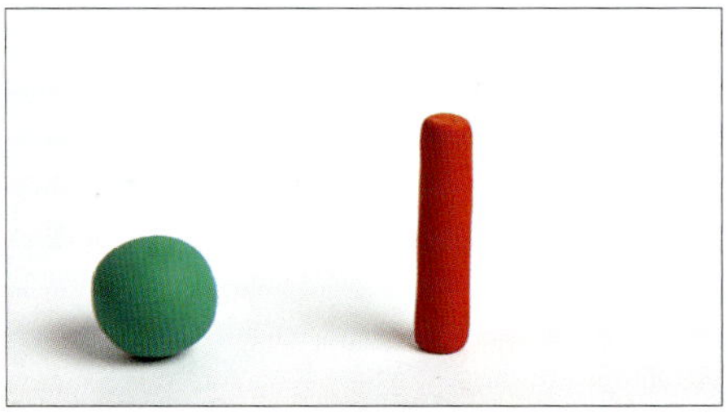

Révisez votre copie

Ne choisissez que vos meilleures séquences pour votre bande démo.

Fenêtre d'aperçu (« Clips »)

Cette fenêtre affiche tous vos extraits par leur première image, ce qui rend l'identification et le choix plus faciles.

Glissez les extraits dans la fenêtre de projets

3 En bas de l'écran se trouve la « Chronologie », ou barre de défilement. Pour assembler vos extraits en une bande démo, faites-les glisser depuis le panneau « Clips » et ordonnez-les comme bon vous semble. Cliquez sur la touche « Lecture » (▶), juste au-dessus de la « Chronologie » : vous pouvez visualiser un premier montage rudimentaire de vos extraits. Il est encore possible de modifier l'ordre des extraits en les glissant selon votre choix dans la « Chronologie ».

Transitions

4 Au départ, vos extraits se succèdent, avec des coupures nettes de l'un à l'autre. Vous pouvez ajouter un effet de fondu entre deux extraits, ou choisir une des transitions disponibles dans l'onglet « Montage ». Faites alors glisser l'icône de la transition voulue sur la « Chronologie », et placez-la entre les deux extraits concernés.

Bouton « Lecture » (▶)
Visionnez la succession des extraits sur la Chronologie avant de décider d'un changement.

Chronologie
Examinez votre montage rudimentaire sur la barre de défilement, puis, si besoin est, faites glisser les extraits pour en modifier l'ordre.

Icône de transition
Quand vous avez choisi et placé une transition sur la Chronologie, elle est visualisée par une icône.

Onglet « Montage »
Choisissez parmi la liste de transitions disponibles, pour personnaliser le passage d'un extrait à l'autre.

Exemples de transitions

Un fondu enchaîné (ou « dissolution croisée ») commence à la fin du premier extrait…

… puis se superpose en transparence le début de l'extrait suivant…

… qui finit par apparaître en intégralité alors que le premier extrait a disparu.

Le volet de réduction (« Transition/Réduction ») commence sur la dernière image du premier extrait…

… la fait rapetisser progressivement…

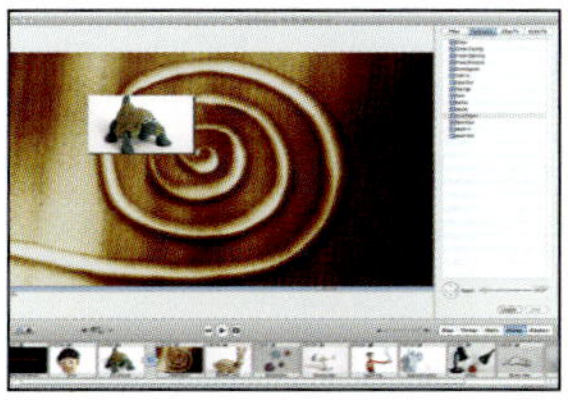

… jusqu'à ce qu'elle disparaisse, pendant que le deuxième extrait commence derrière elle.

Son

5 Juste au dessus de la « Chronologie », à gauche de l'écran, se trouvent deux icônes. Celle de gauche (un morceau de film) permet d'afficher vos extraits sur la « Chronologie ». Celle de droite (une horloge) affiche la durée de chaque extrait, ainsi que deux pistes audio. Les fichiers audio que vous importerez sur la « Chronologie » s'afficheront sur l'une ou l'autre de ces pistes, sous la forme de bandes violettes. Vous pourrez les déplacer à votre gré.

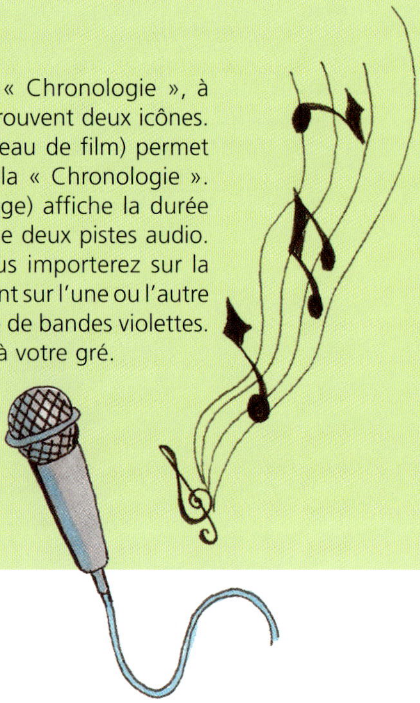

Effets spéciaux

6 Dans l'onglet « Montage », il y a un sous-onglet « Effets vidéo ». Cette fonction vous permet d'ajouter des effets à vos extraits, qu'il s'agisse d'ajustements de couleurs ou d'effets plus spectaculaires comme « pluie » ou « séisme ». Faites-les glisser sur la « Chronologie » pour les ajouter au montage. Quand vous les connaîtrez bien, vous pourrez construire des séquences entières, dès le tournage, en fonction de ces effets. L'onglet « Effets audio » offre tout un éventail d'effets sonores tels qu'« Écho » ou « Réverbération ».

Les clés du son

TROIS MÉTHODES RAPIDES POUR AJOUTER DU SON SUR IMOVIES

- **Ajouter de la musique provenant d'un CD ou d'un lecteur MP3**

Dans l'onglet « Fichier/Importer », sélectionnez le titre que vous souhaitez dans la liste de votre CD ou dans votre bibliothèque MP3. Glissez le titre sur une des pistes audio : le titre est directement enregistré dans la Chronologie en dessous de vos extraits.

- **Ajoutez un bruitage**

De nombreux échantillons sonores sont disponibles dans le logiciel. Pour les utiliser dans votre projet, allez dans « Multimédia/Audio » et glissez le son qui vous intéresse sur une des pistes audio. Vous pouvez ensuite déplacer à volonté vos sélections pour synchroniser le son et l'image.

- **Enregistrez votre voix au micro**

En bas du panneau « Audio », se trouve un bouton rouge. Cliquez dessus pour enregistrer directement votre voix sur la piste audio. Vous pouvez ainsi enregistrer un commentaire ou une narration.

Onglet « Effets vidéo »
Ajouter un éclair comme celui-ci est enfantin : on le trouve dans l'éventail d'effets spéciaux du logiciel.

QuickTime

Vous pouvez facilement partager vos extraits sous format QuickTime, en quelques clics à peine. Dans iMovies, par exemple, aller dans « Fichier/Exporter ». Une fenêtre vous propose plusieurs possibilités, optez pour « QuickTime », et choisissez dans le menu déroulant le format désiré (par exemple, envoyer votre film directement par e-mail). Cliquez sur le bouton « Partager » et sélectionnez l'emplacement où sauvegarder votre fichier. Une fois l'importation achevée, vous pouvez envoyer ce document QuickTime par mail, ou le graver sur CD ou DVD.

Titres

7 Dans l'onglet « Montage » se trouve aussi le sous-onglet « Titres ». Tapez le titre qui vous convient et choisissez la police, la couleur, et même les effets : vous pouvez avoir un titre qui sautille dans l'image, qui se compose lettre par lettre, ou apparaisse dans un fondu. Le titre peut aussi être superposé sur un extrait animé.

Présenter son travail

8 Maintenant que vous avez assemblé vos extraits préférés, agrémentés de musique et de titres, comment faire pour que votre œuvre rencontre son public ?

Onglet « Titres »
Les titres peuvent être agrémentés d'effets visuels épatants

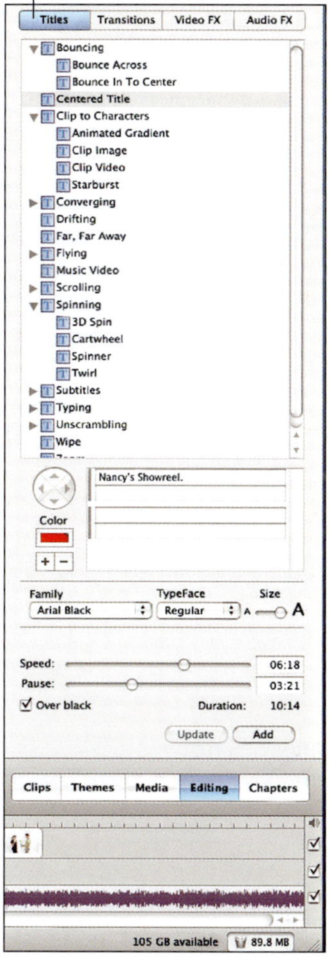

Archiver la démo

Gardez une copie de secours

Une fois la démo achevée, vous allez l'exporter sous des formats plus ou moins lourds (selon la destination : Internet, CD ou DVD...). Conservez toujours une copie de vos extraits individuels et de votre démo, en format AVI ou QuickTime, de qualité maximale. Vous pourrez éventuellement réutiliser plus tard des éléments de la démo dans un nouveau montage, ou bien agrémenter la démo de nouveaux extraits.

Faites de la place

Les fichiers d'animation sont lourds et peuvent considérablement ralentir votre disque dur. Investir dans un disque dur externe peut être très pratique pour libérer de l'espace sur l'ordinateur. Vous pouvez déjà y exporter vos extraits pendant le montage de la bande démo. Ne lésinez pas sur la capacité de stockage, en fonction de votre budget.

Disque dur extérieur
Indispensable pour soulager votre ordinateur.

Internet

Exporter des vidéos sur Internet est plus facile que jamais. Il existe des centaines de guides sur la toile pour apprendre comment rendre son travail accessible. Des sites tels que Dailymotion ou YouTube vous permettent de présenter facilement vos vidéos en format Flash.

Gravez un CD ou un DVD

Si la taille du fichier reste raisonnable, vous pouvez graver le film (de format QuickTime ou AVI) sur un CD ou un DVD. Le film pourra alors être lu sur n'importe quel ordinateur, par QuickTime ou Windows Media Player, soit directement sur le CD ou DVD, soit en l'important sur le disque dur.

CD et DVD
Une façon de faire passer votre démo.

Tourner un vrai **court-métrage**

Filmer un court-métrage est une expérience enrichissante et parfois très agréable. Le désir de raconter une histoire à sa façon est la meilleure raison de devenir animateur. On peut aussi bien rester conventionnel que s'adonner aux expérimentations. Analyser les travaux d'autres animateurs vous aidera à déterminer quel style vous désirez adopter. Toutes les techniques exposées dans cet ouvrage peuvent servir à réaliser un film, mais certaines histoires sont plus adaptées à un procédé qu'à un autre. Voici quatre techniques d'animation, qui ont données lieu à un film réussi.

Animation d'objets réels

L'animation d'objets ou de personnes réelles est très courante dans les vidéoclips musicaux et apparaît parfois dans des longs-métrages (*Les Aventures secrètes de Tom Pouce* de Dave Borthwick, 1993). Cette technique fonctionne bien dans des films courts et rythmés. Elle permet de faire interagir acteurs réels et figurines animées. Les images ci-dessous mettent en scène des objets aux couleurs vives et aux mouvements énergiques – tels que des chaussettes dotées d'yeux, des chaussures dansantes, et des boutons doués de volonté.

Ces images sont tirées du court-métrage musical Best Fwends, *de Libby Bass, dans lequel l'intérieur d'une garde-robe prend vie.*

Animation de sable

L'animation de sable est souvent abstraite, expérimentale et apaisante. Elle permet de créer des effets d'animation uniques, peut-être les plus beaux qui soient, à la fois simples et fascinants. Sur une table lumineuse, le sable crée des silhouettes noires sur un fond lumineux, ou inversement. Les formes créées varient suivant l'épaisseur des traits et la disposition du sable. C'est une technique parfaite pour les contes et légendes.

Yuji, *de l'animateur canadien Philippe Vaucher, démontre l'efficacité et l'impact que peut avoir l'animation de sable. De par sa nature, cette technique permet de grandes audaces esthétiques.*

Animation de papier découpé

Voilà une technique qui colle bien aux histoires riches en action, ou destinées aux plus petits. Ses caractéristiques permettent la création de silhouettes et d'effets complexes (comme les trombes d'eau agressives de la dernière image ci-dessous). Bien que le papier découpé donne par nature une image plate, vous pouvez élaborer votre dessin à loisir avec des ombres, de la texture, et des effets décoratifs.

Ces magnifiques marionnettes articulées sont tirées du film Blossom, *de Joy Chou. Elles sont découpées avec soin dans du carton noir fin et du papier de riz, et ont été filmées sur une table lumineuse pour créer du contraste entre les personnages et les fonds aux couleurs diffuses.*

Stop-motion

La *stop-motion* offre des intrigues complexes et des personnages très expressifs. L'un des effets désirés en *stop-motion* est le réalisme du mouvement. Toutes sortes de matériaux peuvent y être employés : pâte à modeler, mousse, latex, ou figurines articulées complexes, conçues avec des mouvements spécifiques en tête.

Sandcastles *de Rebecca Hurwitz est un bon exemple de* stop-motion *utilisant à bon escient une esthétique simple. Les personnages, dépourvus d'yeux, de bouches ou de mains, sont de simples figurines de feutrine, mais parviennent toutefois à attirer la sympathie.*

Restez simple

N'ayez pas les yeux plus gros que le ventre sur votre premier film.

- Évitez les dialogues, qui demandent une synchronisation labiale. Optez pour une voix off si nécessaire.
- Des gags visuels font de bons premiers films (inspirez-vous de comptines ou de légendes urbaines).
- Visez une durée n'excédant pas une minute. N'ayez pas peur de changer le scénario en cours de tournage s'il s'avère trop compliqué ou trop long à filmer.

Le cycle de production d'un film

Avoir une idée et la développer

1 Ayez toujours avec vous un petit carnet de croquis pour noter vos idées sous forme écrite ou dessinée. Regardez beaucoup de films, et notez ce qui vous inspire. Au bout d'un moment, vous aurez toujours une ou deux idées en train de mijoter dans votre crâne. Lorsque l'une de ces idées commence à occuper tout votre esprit, mettez les autres de côté et consacrez-vous uniquement à elle.

Traitement et scénario

2 Un traitement est un texte qui présente les éléments clés du film. Un bon traitement doit évoquer le ton et l'ambiance du film. Fermer les yeux et raconter le film à un ami – c'est déjà un traitement. Demandez ensuite à votre ami de vous raconter le film. S'il n'a rien compris à ce que vous allez essayer de filmer, il faut peut-être revoir un peu le traitement. Le scénario est une sorte de forme avancée du traitement, qui inclut la narration, les dialogues et la structure.

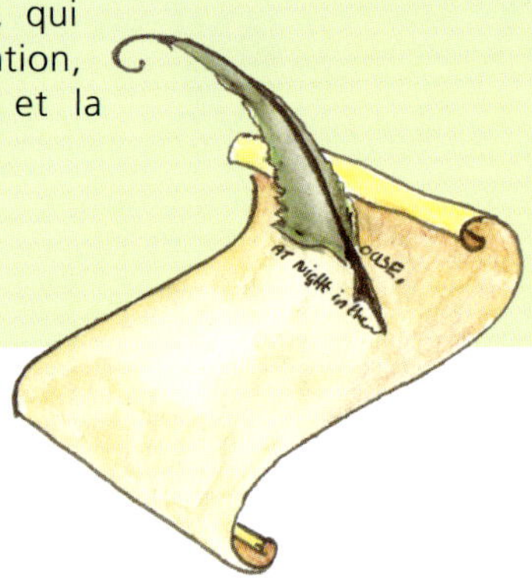

Story-board

3 Un story-board est une série de vignettes dessinées agrémentées de textes, qui servent à mettre en images le futur film. Visuellement, c'est un outil clé du cinéma : il permet au réalisateur d'avoir un aperçu du film à venir, ailleurs que dans sa tête.

Organisation

6 Vous vous rendrez vite compte que le cycle de production d'une animation n'a rien de linéaire. Il faut travailler sur différentes choses en même temps, et il peut être difficile de s'y retrouver. Un emploi du temps détaillant clairement les tâches à effectuer est essentiel si vous ne voulez pas perdre la tête. Collez-le au mur, près de votre plateau de tournage, et rayez régulièrement les tâches au fur et à mesure de leur réalisation.

L'animation proprement dite

7 Elle commence dès que vous avez capturé des images avec la caméra, même si vous êtes encore en phase de test ou en train de réviser le script ou le story-board.

Montage

8 Le story-board est une sorte de pré-montage. Puis, pendant le tournage, vous commencez à éliminer les images inutiles ou ratées, et à assembler les bonnes. La phase finale débute lorsque les images sont importées dans un logiciel de montage. La post-production (transitions, son, titres) est la phase finale du montage d'un film amateur.

Partie artistique

4 La partie artistique du travail diffère selon les techniques d'animation. L'animation de papier découpé implique la création des marionnettes de papier, l'animation de volumes peut demander la création d'un décor... Dans tous les cas, il faudra tester le résultat final devant la caméra.

Essais

5 Même l'animateur le plus chevronné doit vérifier le rendu de son travail à l'écran. C'est le moment où l'on se rend compte concrètement de la difficulté du travail, et c'est souvent là qu'une révision du scénario s'impose. En fait, les essais se font tout au long de la production.

Format

9 Une fois le film monté, il faut déterminer son format selon sa destination. Il s'agit généralement de le graver sur un DVD ou de le convertir dans un certain format numérique. Attention, ce procédé n'est pas aussi simple que d'enregistrer une cassette. Si vos délais sont courts, ne perdez jamais de vue que vous pourriez avoir à consacrer un jour ou deux à maîtriser cette manipulation.

Distribution

10 Sur ce point, l'animateur amateur possède un grand avantage sur le cinéaste professionnel. Il peut choisir son public comme il le veut. Certains ne montrent leur travail qu'à leur famille ou leurs amis. D'autres le mettent sur un site web, à l'affût de critiques constructives (il existe beaucoup de festivals de films amateurs sur la toile). Il est important de connaître l'avis des autres sur votre travail, pour mieux distinguer vos points forts et vos faiblesses. Sinon comment obtiendriez-vous la palme d'or ?

Exemple de story-board : *La maison hantée*

Le story-board est un élément essentiel dans la production d'un film. Le sujet de cette histoire s'inspire d'un poème intitulé *La maison hantée*. Rien qu'à partir de cela, l'animateur peut se creuser les méninges et produire quelques croquis.

Il faut d'abord réfléchir à l'histoire et à son aspect visuel. Ensuite, prendre quelques décisions simples. Dans ce film, on a décidé que le poème serait lu par un petit enfant, le narrateur du film. Puis on a choisi d'utiliser la technique du papier découpé. Enfin, pour conserver la simplicité du poème, on a jugé bon de ne pas faire trop de coupures et de limiter les mouvements de caméra.

Prenez quelques notes pour déterminer l'action, les décors, et le style visuel du film. Ici, l'action commence dans une maison, un beau jour d'été. Le style visuel des personnages sera enfantin, en accord avec la voix du narrateur. Un petit air de musique sera ajouté au début et à la fin du film.

Dessinez votre histoire. Les dessins ci-dessous sont simples et rudimentaires, mais on peut y distinguer les éléments visuels du film. N'oubliez pas que le story-board n'est pas un produit fini en soi, mais un document de travail : vous pouvez le modifier autant de fois que vous le désirez. Dessinez les vignettes

Le story-board

Narrateur : « La maison hantée. »
Fondu au noir sur une maison aux formes simples, en papier découpé.
Le ciel est bleu, et le soleil brille. La maison est au centre du cadre. Il y a deux grandes fenêtres de chaque côté de la porte, et des petits nuages de fumée sortent de la cheminée. Le jardin est empli de fleurs.

Narrateur : « Dans ma maison la nuit… »
Une à une, les fenêtres deviennent noires, la fumée cesse de sortir de la cheminée, et les fleurs glissent en dehors du cadre. La cheminée se penche d'un côté avec un bruit de craquement. Quelques cailloux tombent du rebord d'une des fenêtres, jusqu'au sol.

Narrateur : « J'entends une souris. »
Une souris apparaît à l'une des fenêtres.

Narrateur : « (Je devrais me cacher, au chaud dessous mes draps.) »
La souris commence à trembler et se cache derrière le rebord : seuls ses yeux observent craintivement le squelette (hors-cadre).

Narrateur : « Je l'entends à nouveau… »
La souris se redresse et tend l'oreille, à l'affût d'un bruit.

Narrateur : «… ou bien est-ce la pluie ? »
Des gouttes de pluie apparaissent dans le cadre, se changent en pluie battante, et finissent par tremper la souris.

du story-board sur des papiers au format carte postale, découpés à partir de votre graticule (voir p. 65), afin de pouvoir modifier leur ordre aisément. Marquez chaque vignette d'une brève description, et ajoutez la narration extraite du scénario. Le film existe donc maintenant sous forme de vignettes dessinées.

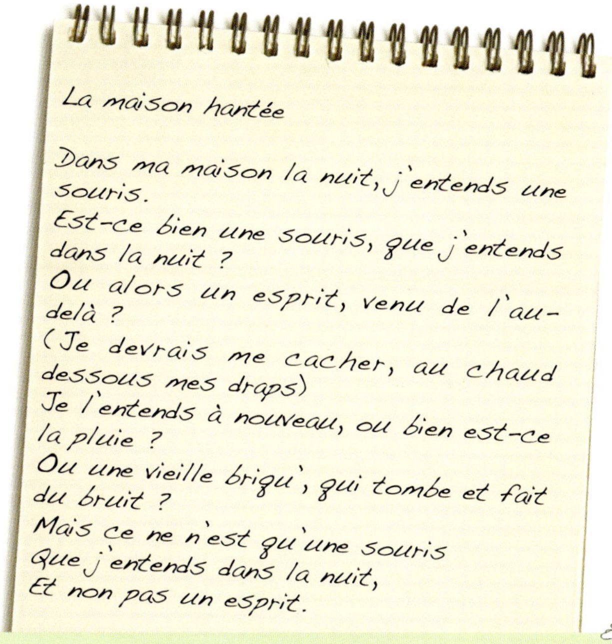
La maison hantée

Dans ma maison la nuit, j'entends une souris.
Est-ce bien une souris, que j'entends dans la nuit ?
Ou alors un esprit, venu de l'au-delà ?
(Je devrais me cacher, au chaud dessous mes draps)
Je l'entends à nouveau, ou bien est-ce la pluie ?
Ou une vieille briqu', qui tombe et fait du bruit ?
Mais ce ne n'est qu'une souris
Que j'entends dans la nuit,
Et non pas un esprit.

La souris brandit une petite trompette, prend sa respiration avec un geste exagéré, et porte la trompette à ses lèvres...

... mais le narrateur l'interrompt.
Narrateur : « Ou bien est-ce une souris, que j'entends dans la nuit ? »
La souris a l'air agacé et jette la trompette.

Narrateur : « Ou alors un esprit, venu de l'au-delà ? »
Sur l'autre fenêtre apparaît un squelette portant cravate et chapeau claque. Il sourit et fait un clin d'œil à la caméra.

Narrateur : « Ou une vieille briqu', qui tombe et fait du bruit ? »
Une brique tombe sur la tête de la souris.

Narrateur : « Mais ce n'est qu'une souris, que j'entends dans la nuit, et non pas un esprit. »
La souris pousse une plainte agressive pour clore le film.

Plans et modèles

Les pages suivantes vous présentent des plans, des modèles et des instructions d'assemblage pour vous aider à fabriquer les divers accessoires et objets évoqués dans cet ouvrage. Lancez-vous et essayez chaque technique avant de choisir celle qui vous convient le mieux.

Modèles de personnages de papier à découper

Voici les formes de base de l'haltérophile (p. 42), du lapin (p. 48), et du poisson (p. 50). Vous pouvez les reproduire de trois façons :

- les décalquer et reproduire le trait sur du papier blanc ;
- les photocopier ;
- les scanner, puis les imprimer.

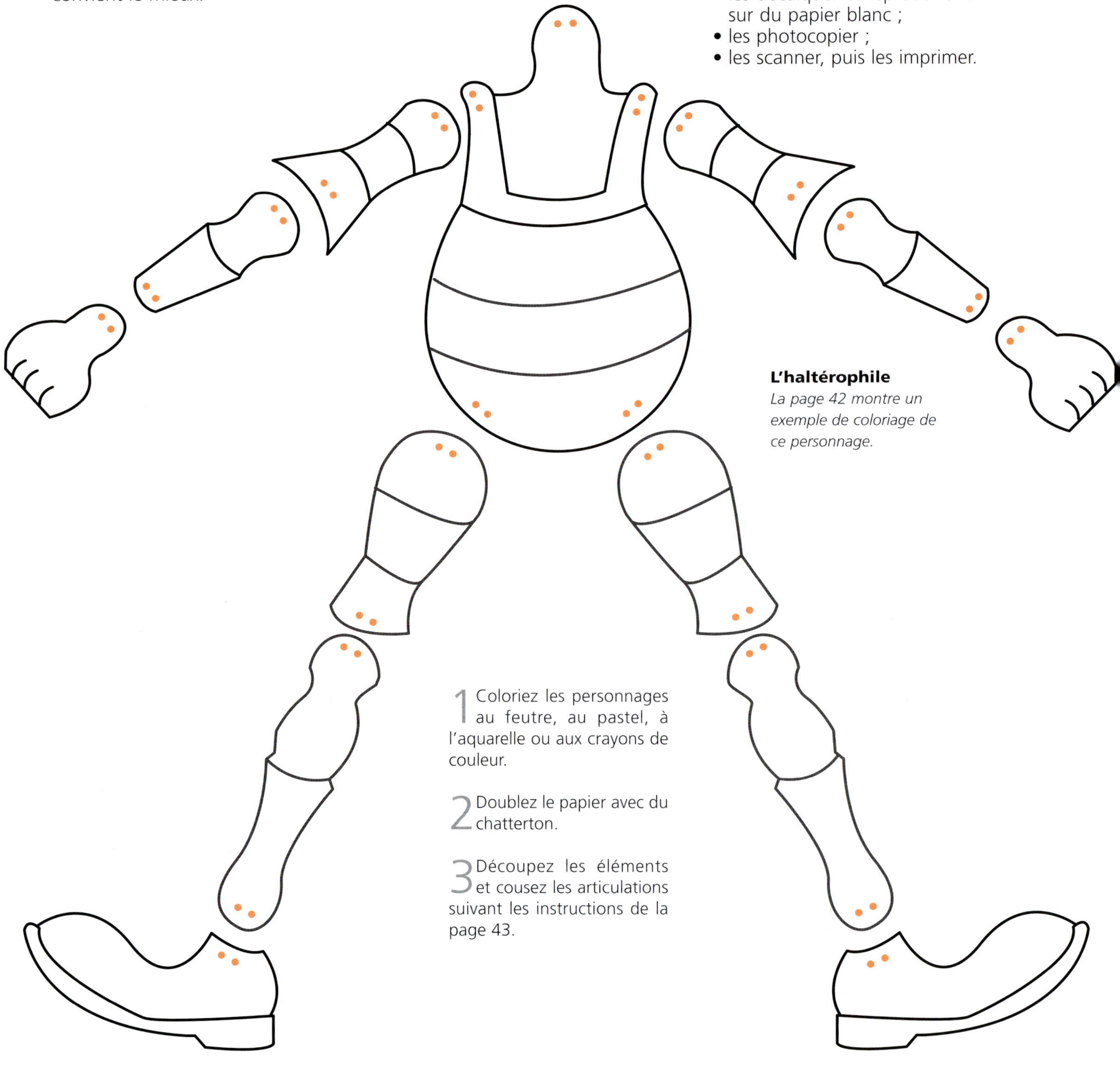

L'haltérophile
La page 42 montre un exemple de coloriage de ce personnage.

1 Coloriez les personnages au feutre, au pastel, à l'aquarelle ou aux crayons de couleur.

2 Doublez le papier avec du chatterton.

3 Découpez les éléments et cousez les articulations suivant les instructions de la page 43.

Le lapin

Le lapin est une marionnette plus complexe que l'haltérophile en termes de construction et de mouvement. Vous voyez ici à quoi il ressemble avant l'assemblage. Notez les petits points sur chaque élément : il s'agit de l'endroit conseillé pour faire passer le fil et l'aiguille au moment de la connexion des éléments.

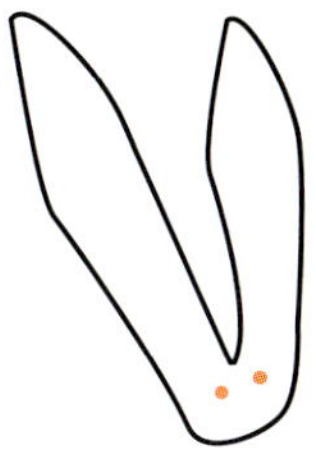

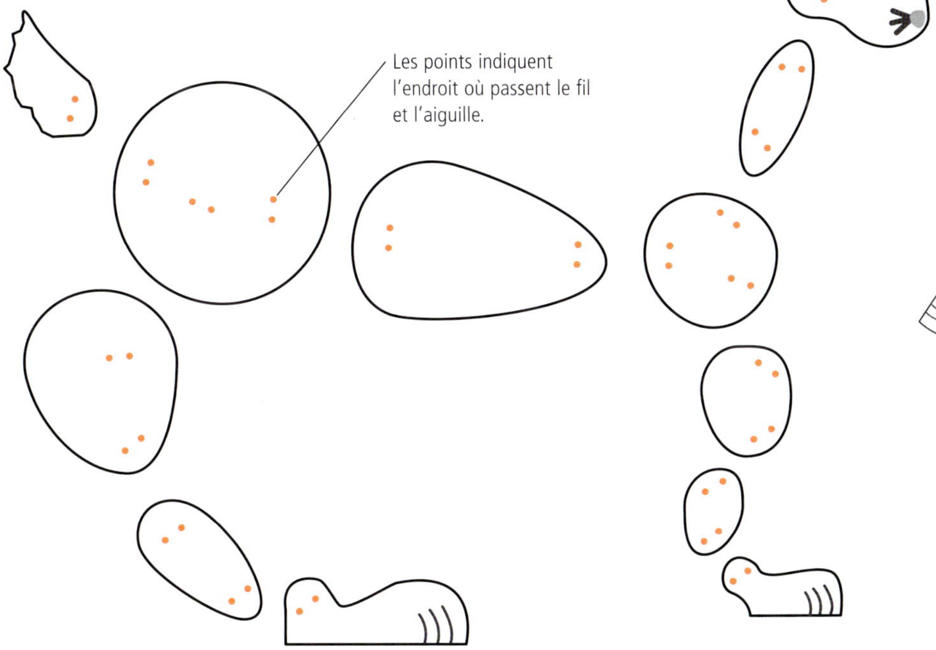

Comment bouge-t-il ?

Voyez la façon dont les sections se chevauchent. Ce modèle permet à la marionnette d'étendre son corps et ses jambes lors du saut, mais aussi de se recroqueviller en position assise. C'est le fait de glisser certaines parties du corps sous d'autres qui permet ce résultat.

Poisson en papier découpé

Pour animer le poisson, on utilise la technique de la substitution : la figurine n'a donc pas d'articulations. Coloriez les poissons, doublez la feuille de chatterton, et découpez-les. La page 50 vous indiquera comment disposer les différentes versions du poisson pour l'animer.

Banc-titre et support caméra : plans et instructions d'assemblage

Fabriquer soi-même son banc-titre et son support pour caméra est un bon moyen de limiter son budget. Les mesures indiquées ici sont approximatives : adaptez-les à l'espace dont vous disposez.
Pour tailler les planches, mieux vaut s'adresser à un professionnel : c'est un service qui reste très abordable.

Outils nécessaires

- perceuse-visseuse électrique avec sa panoplie d'embouts de tailles diverses ;
- petit tournevis ;
- deux petits serre-joints ;
- bandes Velcro ou sangles ;

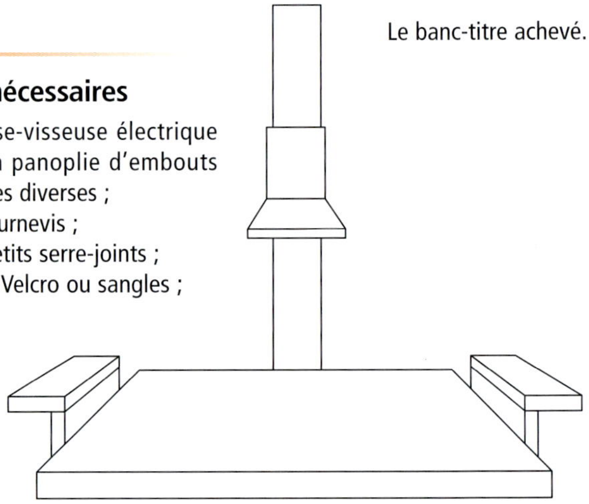

Le banc-titre achevé.

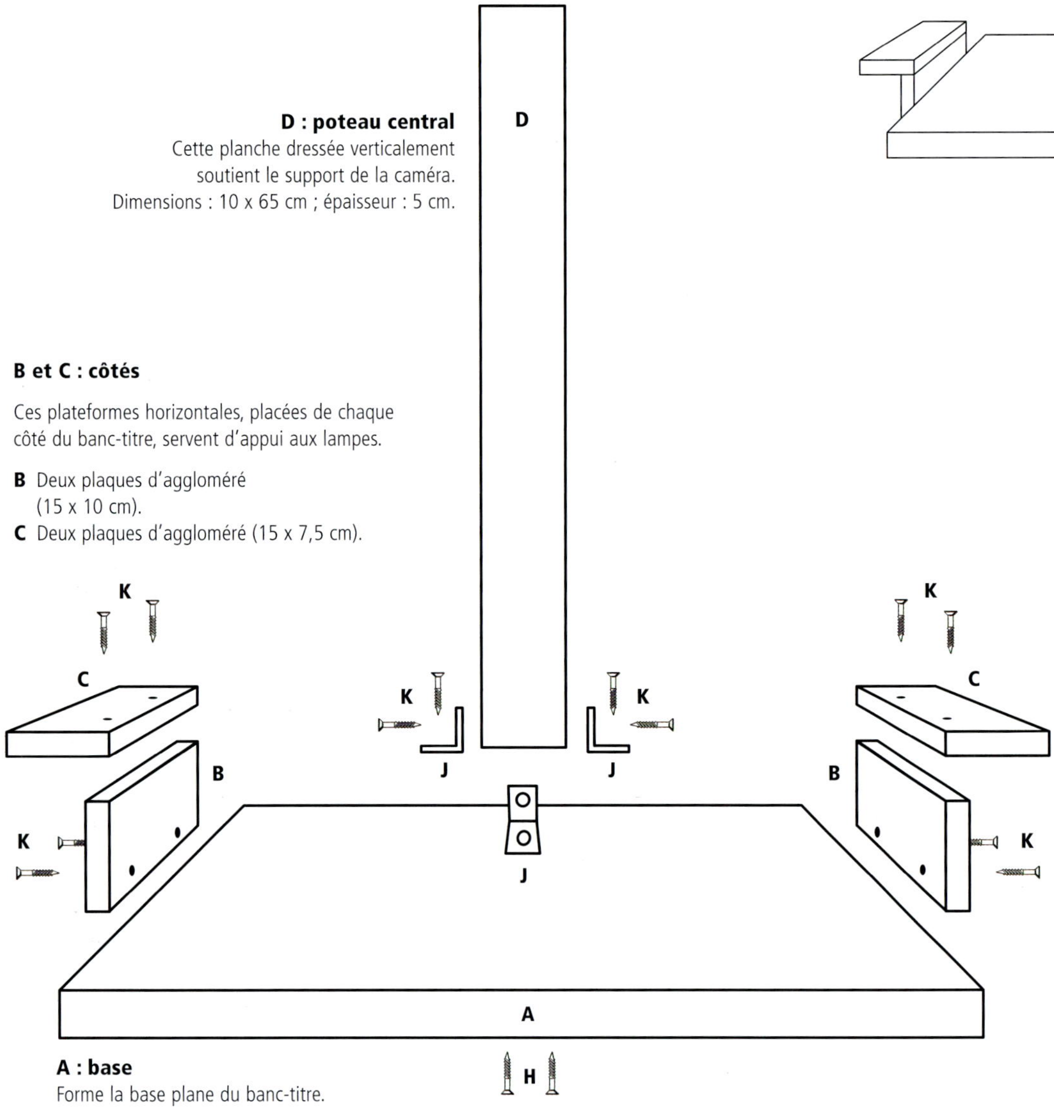

D : poteau central
Cette planche dressée verticalement soutient le support de la caméra.
Dimensions : 10 x 65 cm ; épaisseur : 5 cm.

B et C : côtés

Ces plateformes horizontales, placées de chaque côté du banc-titre, servent d'appui aux lampes.

B Deux plaques d'aggloméré (15 x 10 cm).
C Deux plaques d'aggloméré (15 x 7,5 cm).

A : base
Forme la base plane du banc-titre. Une planche rectangulaire d'aggloméré (55 x 45 cm) d'une épaisseur de 1,2 cm.

H, I, J, & K : Vis et équerres

H Deux vis longues de 6,5 ou 7,5 cm. Utilisez-les pour attacher le poteau à la base par le dessous.
I Six vis de 2,5 mm. Utilisez-les pour assembler la partie E du support caméra, à la partie G, et la partie F à la partie H (voir page suivante).
J Trois petites équerre de métal (au moins 7,5 cm de longueur), posés sur les faces du poteau central pour consolider sa fixation à la base.
K Quinze vis (3 à 3,8 cm) pour fixer les côtés et les profilés.

Pour assembler le banc-titre

1 Assemblez les côtés en premier, puis fixez-les à la base. Prenez une section C et une section B, et créez une forme en L à l'envers.

2 Forez deux petits trous, en utilisant un embout correspondant à la taille de vos vis (un diamètre de 4,7 mm est parfait).

3 Vissez les deux sections ensemble en serrant fort. Répétez l'opération pour les deux autres sections C et B.

4 Forez de nouveaux trous pour les vis, et fixez les côtés à la base (A), en les centrant à peu près sur la largeur de 45 cm.

5 Positionnez le poteau central (D) à l'arrière de la base, au milieu, et fixez-le à l'aide des équerres et des vis de 3,8 cm (K).

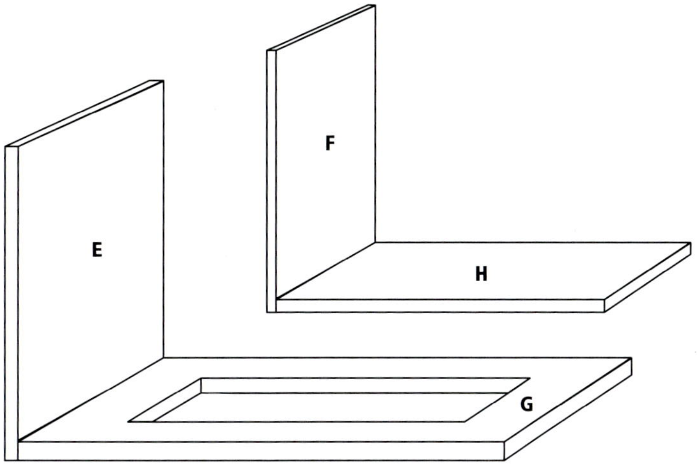

E, F, G, et H : support caméra

Ces sections forment l'élément qui porte la caméra. Cela permet de la placer à la hauteur voulue le long du poteau central.

E Un rectangle de 10 x 15 cm (épaisseur : 1,5 à 3 mm).
F Un rectangle de 7,5 x 15 cm (épaisseur : 1,5 à 3 mm). E et F forment la partie verticale du support caméra.
G Un rectangle de 10 x 20 cm (épaisseur : 1,5 à 3 mm), avec une ouverture rectangulaire au milieu. La longueur de l'ouverture couvre quasiment toute la section, et sa largeur doit à peine dépasser les dimensions de l'objectif de la caméra.
H Un rectangle de 10 x 7,5 cm (épaisseur : 1,5 à 3 mm). Fixé au rectangle E, ils constituent la forme en L qui sera fixée à la caméra avec les bandes Velcro (voir schéma détaillé à droite).

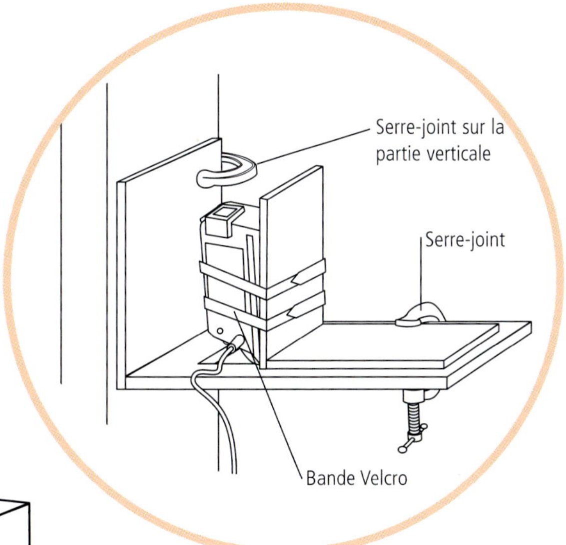

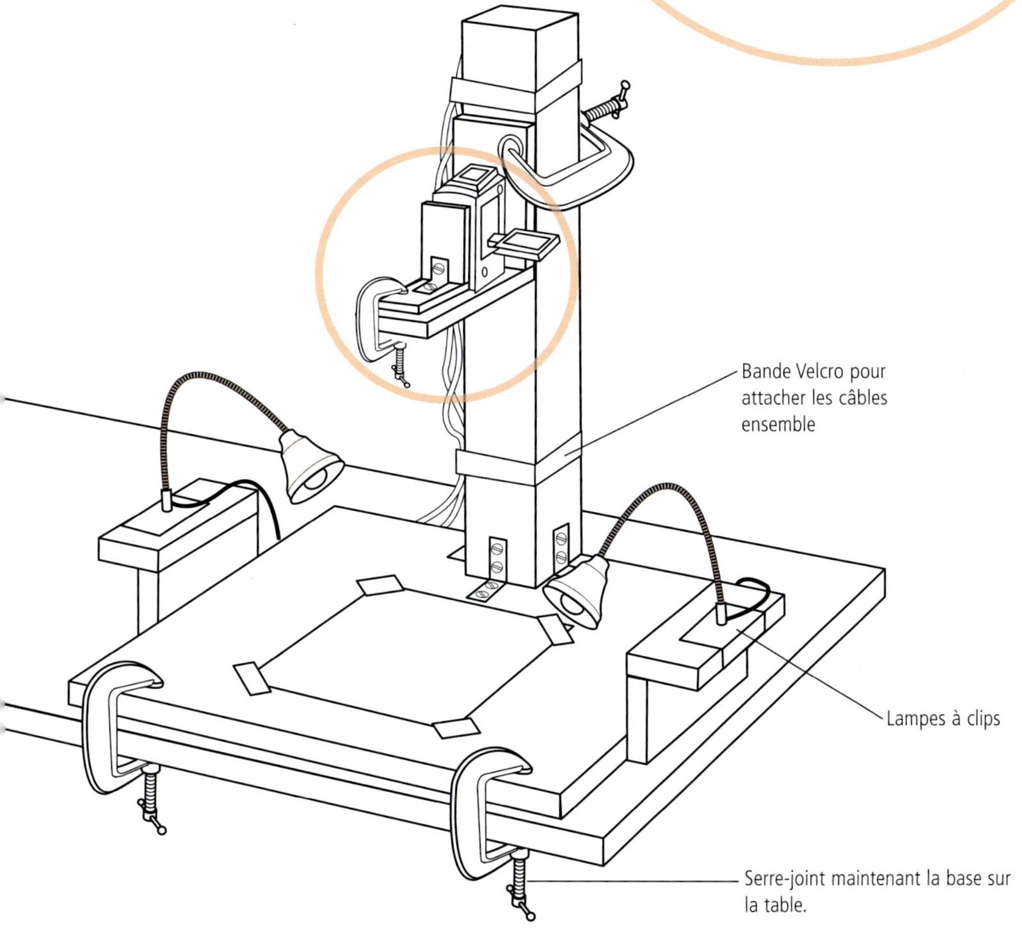

Pour assembler le support caméra

1 Avec les petites vis (2,65 cm au maximum, cf. « I » page précédente), assemblez deux sections en L à l'aide des rectangles E, G, F et H (voir schéma ci-dessus).

2 Si votre caméra est particulièrement grosse et lourde, il faudra peut-être renforcer la connexion entre F et H avec des équerres.

3 Attachez la caméra au support à l'aide de bandes Velcro et d'un petit serre-joint. Attachez l'ensemble à la section verticale comme indiqué sur le schéma (à gauche).

4 Une fois assemblé, le banc-titre doit ressembler à l'image ci-contre (à gauche). Les lampes à clip sont installées de chaque côté. Utilisez deux gros serre-joints pour fixer le banc-titre à la table. Évitez d'être gêné par les câbles en les attachant au poteau central avec une sangle Velcro.

Modèle pour décor simple

Les pages 98 et 99 présentent des idées de décors. Ici sont détaillés les éléments de deux décors simples, l'un en extérieur, l'autre en intérieur.

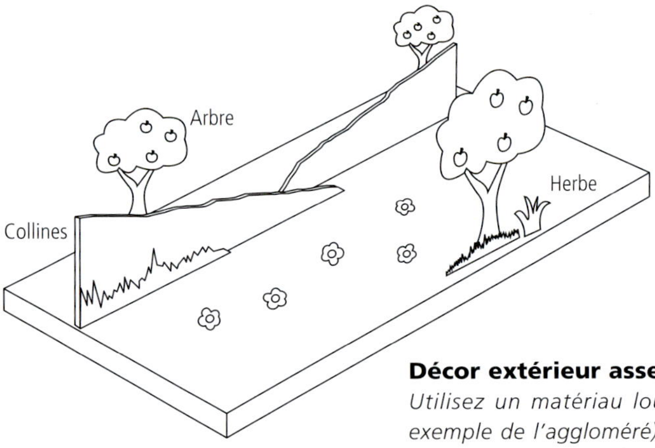

Décor extérieur assemblé

Utilisez un matériau lourd (par exemple de l'aggloméré) pour la base. Veillez à ce qu'il ne dépasse pas les dimensions de votre table.

Éléments pour décor extérieur

Reportez les contours des arbres, des buissons et des collines sur du carton-plume, et découpez-les au cutter. Coloriez-les en peignant directement la surface ou en y collant du tissu ou du papier épais coloré.

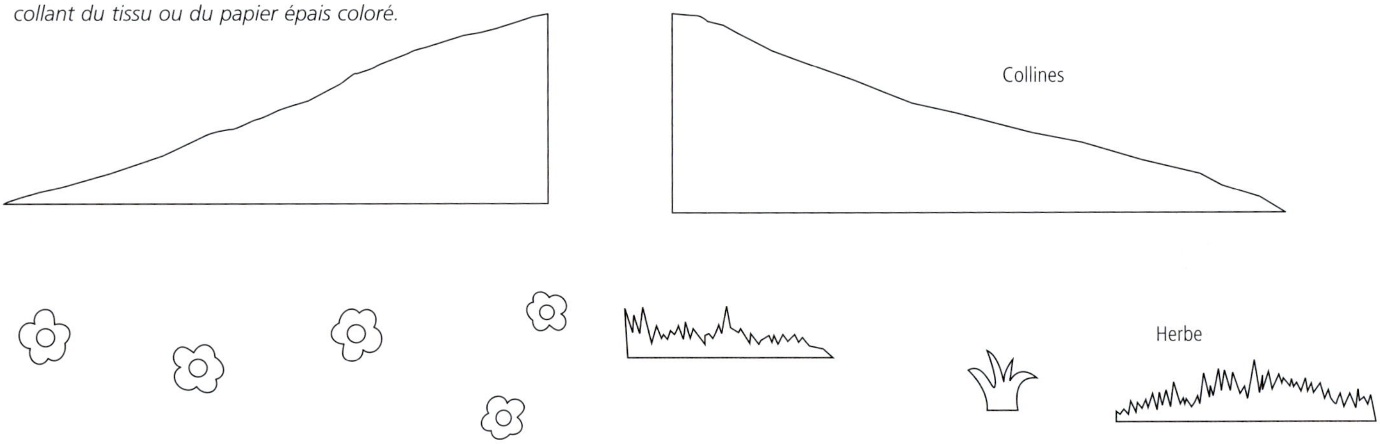

Fixer les éléments

Les éléments du décor sont plats et légers, faciles à attacher à la base à l'aide de petits supports triangulaires. Fixez le support et l'élément à maintenir à l'aide de colle ou de bande adhésive. Puis, de la même façon, fixez le support à la base.

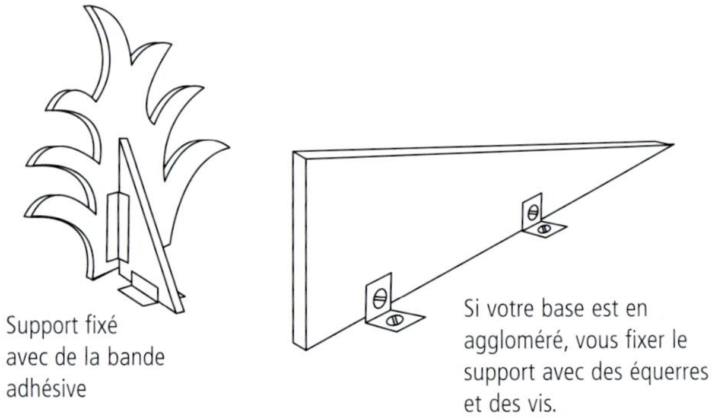

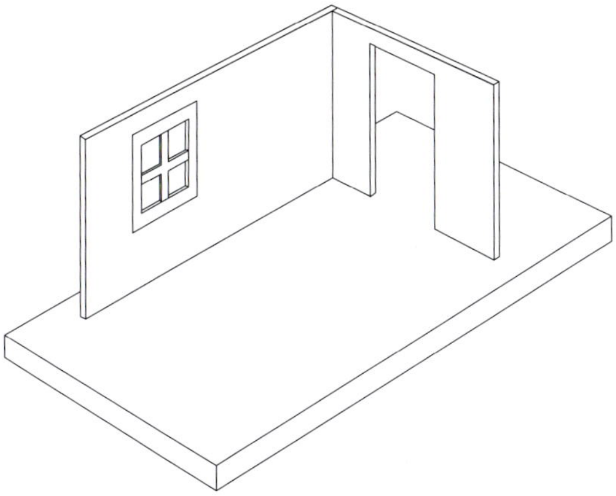

Décor intérieur assemblé

Un décor intérieur tel que celui de la page 99 peut être bâti selon la même méthode. Pour la base plane du décor, optez pour une planche lourde.

Éléments du décor intérieur

Ce modèle de décor basique comprend deux murs : l'un avec une porte découpée, et l'autre avec une fenêtre. Pour un décor intérieur, l'aggloméré est préférable au carton-plume. Déterminez les dimensions des murs en fonction de votre figurine. Agrandissez les modèles à la photocopieuse pour en faire des patrons, comme en couture.

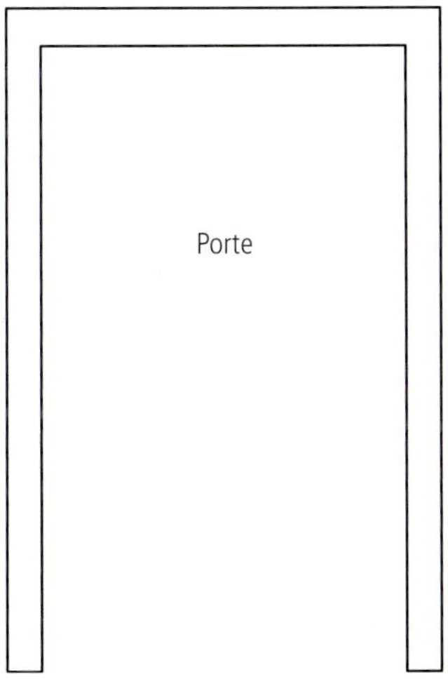

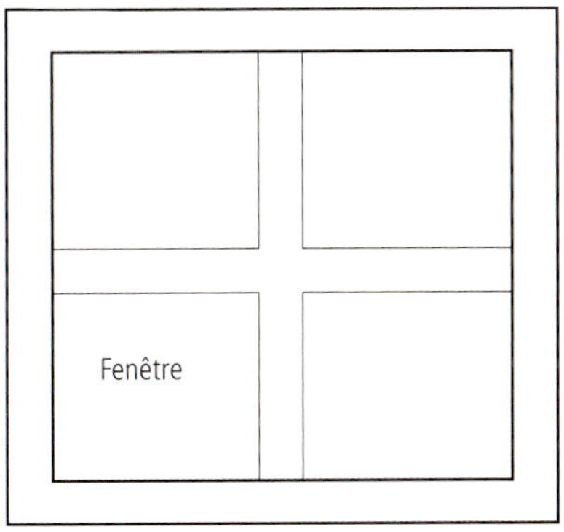

Porte et fenêtre

Une plinthe au pied des murs et un rebord autour de la porte et de la fenêtre rendent le décor plus réaliste et convaincant. Taillez-les dans du carton-plume et fixez-les à la colle.

Équerres de fixation

Vissez quelques petites équerres au pied des deux murs, sur toute la longueur. Puis, vissez-les sur la base du décor. Veillez à ce que les vis utilisées ne dépassent par l'épaisseur de la plaque d'aggloméré, afin qu'elles ne percent pas le dessous. Une fois le décor ainsi fixé, complétez-le à l'aide de papier peint, meubles, etc.

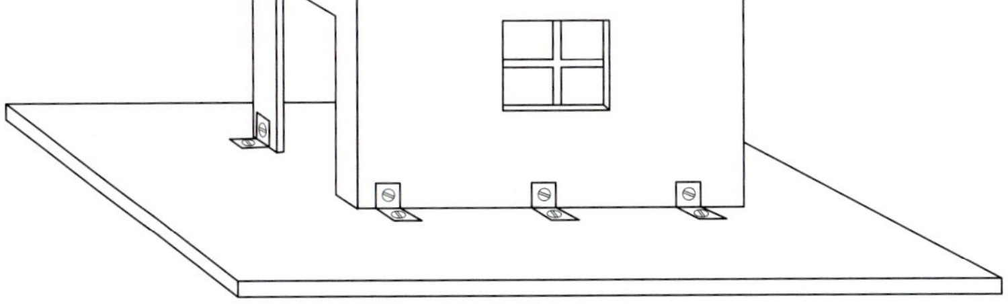

Patron pour vêtements de figurine

Si la taille et la forme de votre personnage sont très éloignées de celles de notre personnage type (voir p. 72 à 89), il faudra modifier ce patron en fonction des dimensions de votre figurine.

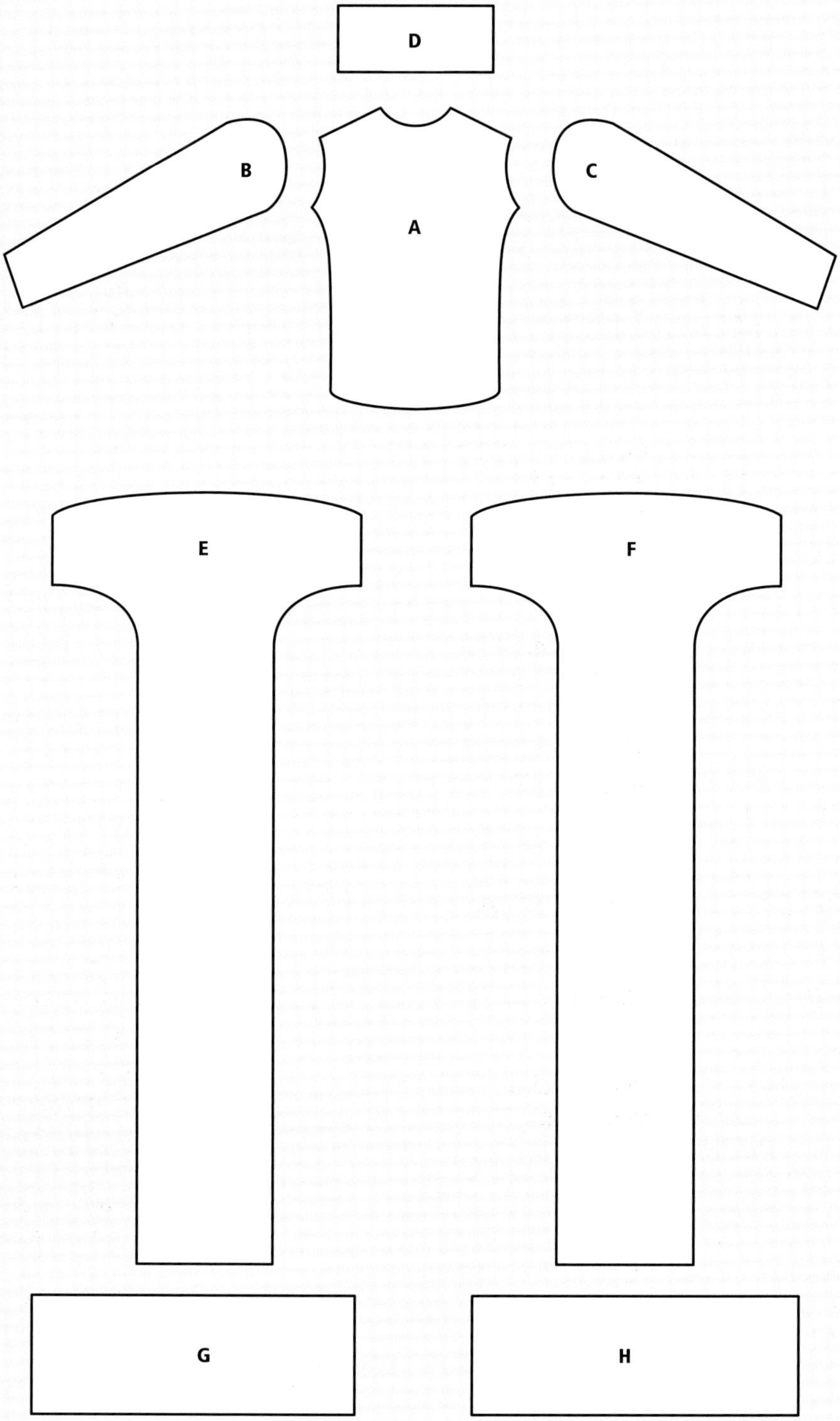

A Devant et derrière du pull, coupez deux fois la même forme
B Manche gauche
C Manche droite
D Col roulé
E Jambe gauche du pantalon
F Jambe droite du pantalon
G Ourlet extérieur de la jambe gauche
H Ourlet extérieur de la jambe droite

1 Reportez les contours du patron sur du papier blanc et découpez-les.

2 Épinglez les pièces du patron sur le tissu qui vous convient, et coupez le tissu en les utilisant comme guide.

3 Une fois les morceaux de tissu découpés, retournez à la page 84 et suivez les instructions pour appliquer le costume sur la figurine.

Ressources

Sites Internet généralistes sur l'animation

www.afca.asso.fr
Association française du cinéma d'animation.

www.catsuka.com
Portail d'information sur l'animation et la BD avec interviews d'auteurs, exemples de courts-métrages et forum.

www.ffalm.com
Les films faits à la maison (catégorie animation) : site consacré à la vidéo amateur en général, avec une importante section dédiée à l'animation.

www.frenchanimation.com
Tutoriaux en animation 3D et dessin animé traditionnel, forum d'animateurs amateurs (échanges de trucs et astuces).

www.heeza.fr
« L'univers du cartoon » : un site de vente offrant toutes sortes de produits liés au cinéma d'animation, des DVDs aux livres consacrés au sujet en passant par des objets insolites comme le Zootrope (engin à fabriquer, en kit, fonctionnant selon le principe de la persistance rétinienne), ou encore des articles rares comme des dessins animés en super 8.

www3.ac-nancy-metz. fr/cddp57/cinema/
Cinéma d'animation en Moselle : histoire, techniques, logiciel à télécharger...

http://gciment.free.fr/casommaire.htm
Le site de Gilles Ciment, journaliste au magazine *Positif*, consacré au cinéma d'animation.

Autour des différents types d'animation

Animation de sable

Table lumineuse
Essayez les sites de matériel médical et recherchez « négatoscope », par exemple www.distrimed.com
Pour construire sa table lumineuse soi-même, voir par exemple www.vivelediaporama.com
Sable
Voir par exemple : Galéice, aquariophilie et décoration intérieure, www.galeice.com (sable blanc et de couleur).
Exemples
www.tramage.com
Le site de David Myriam, spécialiste de l'animation de sable et des performances artistiques à base de sable.

Animation en papier découpé

Exemples
www.imagique.net
Les films d'animation de l'artiste Benjamin Gibeaux.

Animation d'objets réels et pixilation

Exemples
http://lardux.club.fr/index.htm
Site de la société Lardux Films, productrice du programme court en pixilation « Lardux ».

Dessin animé traditionnel

Règle à tenons à trous standards
Lightfoot Animation Supplies (anglais) : www.lightfootltd.com
Adaptable aux perforatrices standards.
Modèle de graticule en format 16/9
Animation Post (anglais) : www.animationpost.co.uk
Rechercher « Field Guide », sauvegardez le graticule et imprimez-le au format A4.
Exemples de dessin animé traditionnel amateur
http://pitfx.free.fr/index.htm
Making of du dessin animé *GrosBras*, parodie de la série télé *Cobra*.
Animation archive (anglais)
www.animationarchive.org/2006/09/media-mice-and-duck-models.html
Modèles de personnages Disney® classiques.

Stop-motion animation

Plastique à modeler
Magasins de bricolage ou Utile Plast, www.utileplast.com
Exemples de modelage de pâte polymère
http://pagesperso-orange.fr/fantaisie/index.htm

Logiciels d'animation

Stop Motion Pro : www.stopmotionpro.com
Logiciel pour PC. Fonctionne avec une mini-caméra DV et certains appareils photo numériques

FrameThief : www.framethief.com
Logiciel de capture d'image et d'animation image par image pour Mac.

iStopMotion : www.istopmotion.com
Logiciel d'animation image par image pour Mac.

Logiciels de montage

iMovie : www.apple.com/support/imovie
Guide d'utilisation du logiciel iMovie.

Windows Movie Maker : www.microsoft.com/windowsxp
Faites une recherche sur « moviemaker » pour trouver de bons guides d'utilisation.

Bibliographie

Ouvrages sur l'animation

Archer Steve, *Willis O'Brien, maître des effets spéciaux*, Dreamland éditeur, 2006.

Bak Mikhal, Caouissin Hoël, Ledannois Christophe, *Écrire l'animation. Recueil de discours et d'informations pratiques sur le scénario du film d'animation*, AFCA, 2001.

Blair Preston, *Cartoon. L'animation sans peine*, Taschen, 1999.

Hang Li Chi, Patmore Chris, Scott-Baron Hayden, *Jap'anime. Toutes les techniques*, Eyrolles, 2007.

Penso Gilles, *Stop-motion. L'animation image par image dans le cinéma fantastique*, Dreamland éditeur, 2002.

Sibley Brian, *Chicken Run. L'éclosion d'un film*, Éditions de la Martinière, 2000.

Thompson Frank, *L'étrange Noël de Monsieur Jack*, Dreamland éditeur, 2006.

Williams Richard, *Techniques d'animation. Pour le dessin animé, l'animation 3D et le jeu vidéo*, Eyrolles, 2003.

Ouvrages sur les techniques cinématographiques

Cristiano Giuseppe, *L'art du Story-board. Cinéma, publicité, animation, jeux vidéo, clips*, Eyrolles, 2008.

Patmore Chris, *Réaliser son premier court-métrage. Technique et montage*, Eyrolles, 2006.

Pogue David, *iMovie 6 et iDVD. The missing manuel. Le manuel qui aurait dû être fourni avec le logiciel*, Eyrolles, 2006.

Ouvrages d'apprentissage artistique (dessin, sculpture…)

Cormack Ben, *Allo, Dr Cartoon*, Eyrolles, 2006.

Haetty Philippe, Rose Annabelle, *Pâte Fimo*, SAEP, 2006

Heaser Sue, *Pâte polymère. L'art et la manière*, Eyrolles, 2008.

Kobayashi Junji, Tezuka Productions, *L'atelier Manga : Astro Boy*, Fleurus Manga, XXX.

Semanchuk Dean Irene, *Imitations en pâte polymère*, Eyrolles, 2005.

Collection *Le dessin de Manga* (16 tomes), Eyrolles.

Vidéographie

Egawa Tatsuya, *Golden Boy. Volume 2*, Dybex, Dynamic Vision, 2002.

La série *Golden Boy* met en scène Kintaro Oé, un étudiant qui a quitté l'université pour se confronter à la vie. Dans chaque épisode, Kintaro se fait engager dans une entreprise quelconque, commet plusieurs bourdes drôlatiques, puis finit par sauver la situation et s'attirer le respect de tous avant de reprendre sa route à vélo. Nous attirons particulièrement votre attention sur le second volume de la série : Kintaro doit participer à la mise en chantier d'un dessin animé par un petit studio d'animation. Ainsi, par une passionnante mise en abyme, les réalisateurs de *Golden Boy* nous montrent leur quotidien, en détaillant étape par étape la création d'un dessin animé. L'occasion d'en apprendre un peu plus sur le métier tout en s'amusant !

Grimault Paul, *Le Roi et l'oiseau. Édition collector 2 DVD*, Studio Canal, 2006.

Le Roi et l'oiseau est une fable poétique, drôle et riche en action. Paul Grimault, le plus illustre représentant de l'animation française, rencontre Jacques Prévert. Cette édition 2 DVD est particulièrement conseillée, car en plus du chef d'œuvre de Grimault et de Prévert, elle contient en bonus deux documentaires consacrés au réalisateur, ainsi que le film *La table tournante*, où Grimault rencontre tous ses personnages dans son studio, passant ainsi en revue les nombreux courts-métrages réalisés tout au long de sa carrière.

***Les chefs d'œuvre du studio Aardman*, Éditions Montparnasse, 1998.**

Le studio Aardman et son réalisateur Nick Park sont surtout connus pour les aventures épatantes de Wallace et son chien Gromit. Mais avant de devenir les derniers grands maîtres du cinéma d'animation en pâte à modeler, les artistes d'Aardman ont réalisé tout un éventail de courts-métrages divers et variés. Neuf d'entre eux sont réunis sur ce DVD, dont l'hallucinant *L'avis des Animaux* (« Creature Comforts », oscar du meilleur court-métrage d'animation en 1990), où les résidents d'un zoo sont interviewés avec un réalisme saisissant… On peine à croire qu'il s'agit de simples figurines de plasticine tant les réactions des personnages sont naturelles, des tics faciaux aux subtils mouvements de mains (ou plutôt de pattes !)… Un excellent exemple pour travailler le jeu et l'expression de vos propres personnages (voir p. 94).

***Les maîtres de l'animation russe : Youri Norstein*, AK Vidéo, 2004.**
Toutes les œuvres de Youri Norstein, animateur renommé à travers le monde, sont réunies sur ce DVD. Six films instructifs à plus d'un titre pour l'animateur débutant, car en plus de présenter des variations uniques sur la technique du papier découpé (l'impressionnant *La Bataille de Kerjenets* met ainsi en scène des icônes religieuses dans un format cinémascope, pour un résultat des plus spectaculaires), ils ont tous été réalisés par une équipe réduite de quatre personnes seulement : Norstein lui-même à l'animation, son épouse Francesca Yarbousova au graphisme, Alexandre Joukovski à la caméra et M. Meyerovitch à la musique. Consécration suprême bien que posthume pour Norstein (décédé en 1978), le festival de Tokyo a décerné à son film *Le hérisson dans le brouillard* (1975) le titre de « plus grand film d'animation de tous les temps » !

***Monty Python's Flying Circus. Intégrale des saisons 1 à 4*, Sony, 2007.**
Avant de devenir le réalisateur de *Brazil*, *Las Vegas Parano* ou *The Fisher King*, Terry Gilliam faisait partie du groupe comique britannique *Monty Python's Flying Circus*, dont les premiers délires télévisuels sont réunis dans ce coffret. Mais Gilliam était l'invisible de la bande, celui qui n'apparaissait pour ainsi dire jamais à l'écran : c'est par l'animation que cet Américain exilé à Londres exprimait son sens de l'humour décalé et dévastateur, par le biais de mini-séquences ponctuant les sketches de ses camarades. Ce sont des exemples devenus emblématiques de la technique du papier découpé. Gilliam recyclait les images dans des juxtapositions fascinantes et invraisemblables. Les dessins animés de Terry Gilliam sont une illustration parfaite de la technique exposée aux pages 50 et 51, « Quand les Beaux-Arts prennent vie ».

STAREWITCH Ladislas, *Le Roman de Renard*, Doriane Films, 1992.
Russe d'origine polonaise exilé à Paris en 1919, Ladislas Starewitch est l'auteur d'un des premiers longs-métrages intégralement réalisés en *stop-motion*. Il s'agit ici d'une adaptation du célèbre conte opposant Renard le goupil à Ysengrin le féroce loup. Ce DVD contient non seulement l'intégralité du film (terminé en 1930, mais sorti en 1941), mais aussi un court-métrage de 1936, *Fétiche en voyage de noces*, ainsi qu'une biographie de Starewitch, spécialiste souvent oublié de la *stop-motion*.

TEZUKA Osamu, *Osamu Tezuka. 8 films*, Les films du Paradoxe, 2006.
S'il est connu pour être le « Dieu du manga » et le père de l'animation télévisée japonaise, Osamu Tezuka était aussi un expérimentateur de génie dont les courts-métrages animés, trésors d'invention et d'originalité, ont fait sa gloire dans tous les festivals du monde. Ce recueil de huit petites merveilles animées inclut notamment des œuvres aussi époustouflantes que *Jump* (un saut de grenouille en caméra subjective dont la portée augmente à chaque rebond, jusqu'à ce que la caméra et le spectateur sautent au-delà des mers) ou *Broken Down Film* (hommage formidable aux films muets, qui utilise à la perfection les défauts des vieilles pellicules : film qui saute, impuretés, coupures inopinées participent alors au déroulement du film).

Glossaire

Ancre
Système de fixation avec vis et écrou qui permet de stabiliser une figurine articulée.

Animation de pâte à modeler
Appelée *claymotion* en anglais, forme d'animation en volume mettant en scène des figurines en plasticine (également appelée plastiline).

Animation en volume
Ce procédé consiste à animer des objets tridimensionnels, image par image. Il concerne l'animation de pâte à modeler, l'animation d'objets réels et la *stop-motion*.

Animation sur cellulo
Technique du dessin animé professionnel qui consiste à imprimer les éléments animés sur des feuilles de papier plastique transparent appelées « cellulo » ou « celluloïd ». Les dessins sont ensuite coloriés au recto avec de la gouache, puis placés sur l'arrière-plan. L'usage du celluloïd facilite grandement la pratique de l'animation par substitution, où un élément du dessin (yeux, bouches) est changé tandis que le reste du personnage demeure identique : il suffit pour cela d'imprimer les éléments à substituer sur des celluloïds séparés.

Armature
« Squelette » d'une figurine articulée de *stop-motion*. L'armature offre au personnage stabilité et capacité de mouvement. Le débutant la fabrique à base de fil d'aluminium tressé, mais dans le milieu professionnel, l'armature est souvent réalisée industriellement.

Banc-titre
Élément indispensable du studio pour filmer à plat des dessins, photos ou marionnettes de papier découpé. Il est composé d'un poteau vertical, d'un support caméra et d'une base plane.

Boucle
Série d'images animées qui commence et finit par la même image, ce qui permet de la répéter indéfiniment. La boucle est souvent employée pour les actions naturellement répétitives, comme un vol d'un oiseau.

Capture d'image
Enregistrement d'une seule image isolée, transférée sur ordinateur. Dans cet ouvrage, la capture se fait avec une caméra, puis l'image est transmise par le biais d'un câble USB ou firewire.

Chair
Matériau, généralement léger, que l'on fixe à l'armature pour donner de la consistance à la figurine. Pour un amateur, de la mousse de rembourrage ou de la fibre creuse et du plastique à modeler suffisent, mais les professionnels utilisent des matériaux plus efficaces et plus coûteux tels que la résine, la mousse de latex ou le silicone.

Distorsion
Filmer une image immobile au milieu d'un enchaînement d'actions peut nuire au dessin animé, briser son rythme. On crée alors un effet de distorsion en animant une série de quelques dessins quasiment identiques : les subtiles différences de trait forment un très léger mouvement qui donne de la vie au dessin.

Faire traîner
Parfaire l'illusion du mouvement en animant les détails d'un personnage (cheveux, vêtements). Lorsque la tête du personnage bouge, on place les cheveux de façon à ce qu'ils semblent traîner derrière elle.

Fenêtre de capture d'image en temps réel
Fonction des logiciels de capture d'image, qui permet de voir sur son ordinateur les images filmées par la caméra en prise directe.

Folioscope
Animation basique créée en dessinant une série d'images sur un carnet et en faisant défiler rapidement les pages.

Graticule
En dessin et en peinture, le graticule est un châssis recouvert d'une grille de petits carrés facilitant la copie d'un original à une autre échelle, proportionnellement à la grille. En animation, il sert à tracer le cadre de l'image qui sera filmée, généralement en format 16/9. La feuille sur laquelle le cadre est tracé est perforée et placée sur la règle à tenons, et sert de guide pour le placement des dessins successifs. On l'appelle *field guide* en anglais.

Line test
Test pour vérifier l'animation des dessins seulement crayonnés, avant les étapes d'encrage et de coloriage (ou, dans le milieu professionnel, avant l'impression sur celluloïd et l'ajout de gouache)

Nombre d'images par seconde
En animation, une seconde standard correspond généralement à 25 images. On peut également tourner à 30 images par seconde dans certains formats vidéo. Le nombre d'images peut être augmenté ou diminué pour créer un effet d'accélération ou de ralenti.

Pause
Souvent utilisée en début de séquence, la pause consiste à capturer plusieurs images du sujet sans modifier sa position. Cela permet au spectateur de se mettre dans le bain, mais aussi, lorsqu'on l'utilise en milieu de séquence, de ponctuer l'action ou d'ajouter du suspense.

Pelure d'oignon
Outil fréquent dans les logiciels de capture d'images, qui permet à l'animateur de voir la dernière image capturée en transparence sur celle qui est alors filmée. Fonction très pratique pour positionner correctement le sujet d'une image à l'autre.

Persistance rétinienne
Phénomène sur lequel se base entièrement l'animation, et même le cinéma : c'est la capacité que l'œil a de créer une illusion de continuité entre les multiples images qui reproduisent un mouvement.

Plasticine
Pâte à modeler pour professionnels, disponible dans les magasins de fournitures pour artistes. Elle est également appelée plastiline. Sa différence principale avec la pâte à modeler ordinaire est son séchage beaucoup lent, ce qui permet de manipuler les personnages plus longtemps.

Règle à tenons
Souvent appelée par son nom anglais, *peg bar*. C'est une bande de plastique équipée de tenons sur lesquels on glisse les feuilles perforées où sont dessinées les images d'un dessin animé. Dans le milieu professionnel, le format des tenons ne correspond pas à celui des perforatrices accessibles au grand public, mais il existe depuis peu des marques offrant des règles à tenons compatibles avec les perforatrices standards (Chromacolour).

Reliure ou continuité
Ordre et position exacte de chaque dessin d'une prise de vue à l'autre.

Story-board
Également appelé « scénarimage ». C'est une série de vignettes dessinées, qui décompose les étapes importantes d'un futur film.

Sujet
Image ou objet que l'on anime.

Table lumineuse
Appelée « négatoscope » en photographie, c'est une boîte rectangulaire dotée d'une plaque de plexiglas et d'un éclairage intérieur. L'animateur l'utilise pour superposer les dessins de l'animation et voir au travers des couches successives de papier.

Travailler la pâte
Réchauffer et malaxer la plasticine ou la pâte polymère entre ses mains pour la rendre plus malléable.

Vitesse 2s
Technique courante de l'animation consistant à capturer chaque image non pas une, mais deux fois, ce qui rend le tournage plus rapide.

Remerciements

Quarto souhaite remercier les animateurs qui ont contribué à ce livre en fournissant des images de leur travail.
La plupart de ces artistes sont mentionnés dans le texte. Tout autre image est © Quarto Publishing plc. Bien que nous n'ayons pas ménagé nos efforts pour créditer chaque participant, nous préférons nous excuser à l'avance pour toute éventuelle omission ou erreur, et sommes disposés à les corriger dans les futures éditions de ce livre.

Remerciements de l'auteur

Je souhaite remercier sincèrement toute l'équipe de Quarto Publishing, en particulier Kate Kirby, Anna Plucinska, et Trisha Telep.

Merci à John Urry pour sa patience, sa tolérance, et son immense contribution. Merci à Nancy, Eimer, Roseleen, Patricia, et Thomas Murphy pour leur constant soutien téléphonique. Merci aussi à Mike Brent, Chris Rydelski, Janet Mills, et Paul Jones.

Merci à mes amis, collègues et élèves de la University of the West of England à Bristol pour leur soutien et leurs encouragements. Et de tout cœur, merci aux animateurs qui m'ont laissé utiliser des images de leur travail dans ce livre : Libby Bass, Rebecca Hurwitz, Philippe Vaucher, Ceri Merryman, et Joy Chou. Merci à Vibeke Cleaverley pour ses suggestions, et pour son aide inestimable lors de la prise de vue.

Je souhaite aussi citer cinq de mes professeurs qui m'ont aidée et encouragée lors de mon apprentissage. Pour leur patience, leur compréhension et leur intelligence, merci à Liam O'Byrne, Anne Brennan, Mary Morgan, Henry Pim, et Chris Webster.

Imprimé à Singapour
Dépôt légal : Janvier 2009
Numéro d'éditeur : 7892